ラクにお金を増やせる

新NISA対応！

最強のインデックス投資

投資ブロガー NightWalker

ぱる出版

はじめに　インデックス投資に救われた日

「そう言えば、もう8年か……」

「最近、パフォーマンスが落ちてるよね」。２０１５年の春、年に一度の上司との面談は、そんなひと言から始まりました。早い話、私は、ある日突然30年以上勤めた会社から、早期退職勧奨を受けたのでした。季節は春だというのに心の中はいきなり木枯らしが吹き出してしまいました。まあ、よくある話です。

残るべきか残らざるべきか。いきなり厳しい決断を迫られた私でしたが、面談場所から自席に戻るまでのわずかな時間に、あることを思いつきました。

そうだ！　早期リタイアしちゃおう。

今で言うところのFIREです（当時はそんな言葉は知らなかった）。そのとたんに、いったん冬になってしまった私の心に、いきなり、桜咲く暖かい春の日差しが差してきたのでした。

そして、この決断を可能にしたのが、ずばり「お金」。**たんたんと運用してきたインデックス投資で、知らない間に「死ぬまで生きる」ために必要なお金ができていたのでした。**

早期退職後8年経った今、確信を持って言えるのは、「辞めて良かった」ということ。そして、「インデックス投資をしていて良かった」ということです。

はじめまして。私は投資ブログ「NightWalker's Investment Blog」を2005年から運営しているNightWalker（ナイトウォーカー）と申します。ブログ仲間からは、私の物言いや行動パターンからでしょうか、「仙人」と呼ばれています。

最近、投資や資産形成という言葉が、身の回りに飛び交うようになりました。その背景には、少子高齢化が進み、経済が停滞している日本の厳しい状況があります。

●年金制度ってホントに大丈夫なの？　将来のお金がすごく心配

●会社で確定拠出年金制度が始まったけれどどうすりゃいいの？

●友人がつみたてNISAを始めたみたい。何それ。おいしいの？

●最近、高校で金融教育が始まるみたいだけど、私たち知らない。もしかしてヤバい？

私も、投資を始めないとまずいかな？　とお感じの方が増えているのではないでしょうか？

なぜ、長期投資を始めるべきなのか？

私の答えは、Ｙｅｓ！　多くの人が、資産形成、それも単なる貯金だけではなく、株式投資を始めるべき時代が来たのです。その理由をひと言で言ってしまえば、

株式の長期リターンは他の資産を圧倒している

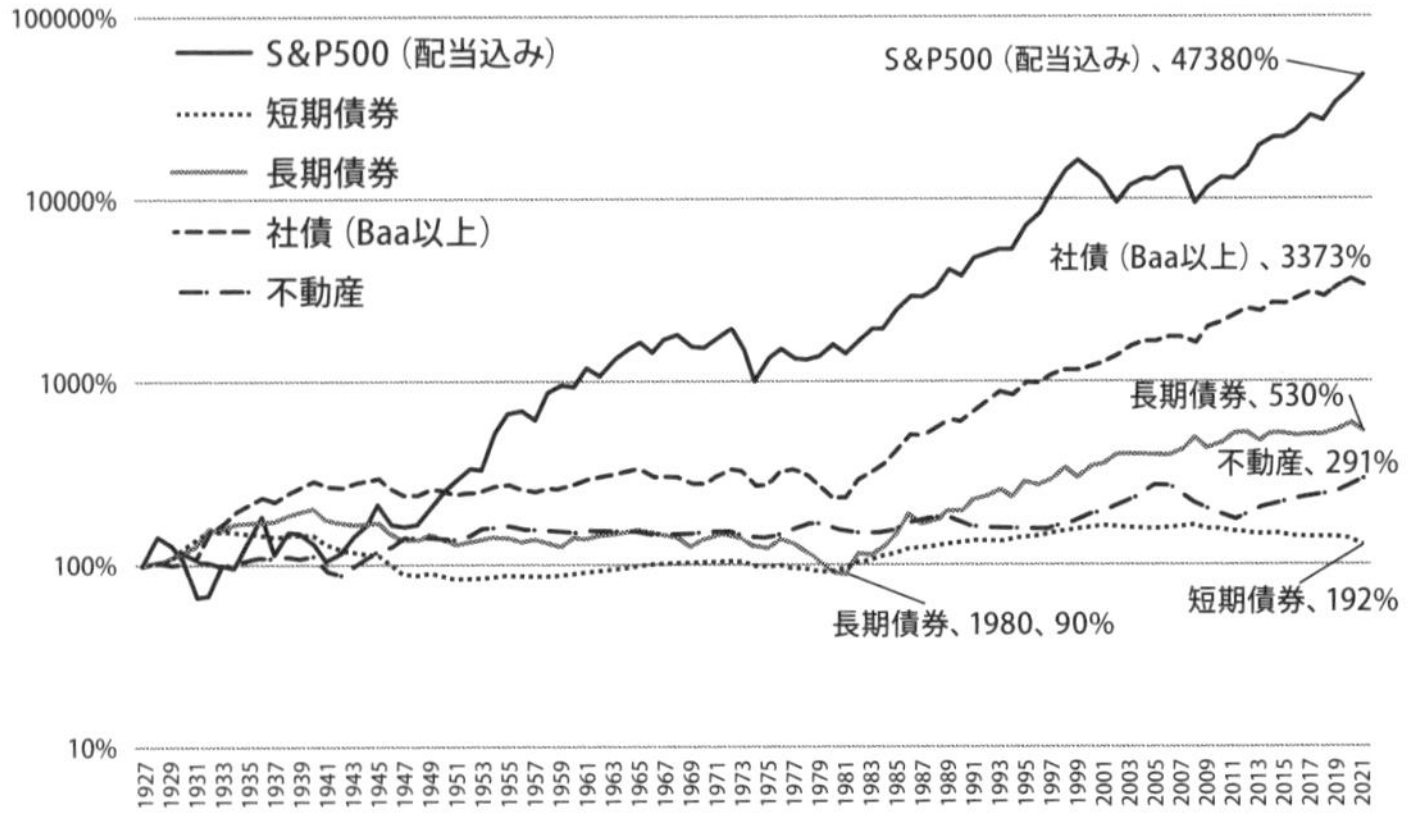

投資しなければ、お金は増えない

これが、資本主義でできているこの世の現実だからです。**「長期的に見ると、株式のリターンが群を抜いている」**という一点に集約されます。

上図は、長期にわたる米国市場（インフレ調整後）の推移のグラフです。

長期的な株式のリターンは、債券、不動産、短期債券などを圧倒しています。図には書いてありませんが、現金に至ってはインフレ分マイナスです。

最近では、バブル崩壊後ダメダメだった日本でも、超長期的では、同じく株価は力強く上昇してきたことが、わかっています。

ピケティの法則が示す残酷な現実

この現実は、学問的にも説明されています。
有名なのがフランスの経済学者である、トマ・ピケティさん。この方が書いた『21世紀の資本』で有名なのが、次の式。

r（資本収益率）＞g（経済成長率）

何やらむずかしいそうな言葉が並んでますが、投資家目線で読めば「労働の対価の上昇率よりも、株式投資の収益の方が大きい」という意味です。そして、ここから学ぶべきは、

労働者すなわちサラリーマンも投資をすべき

というささか残酷な現実です。

しかし、株式投資に対して、たとえば、以下のような不安をお持ちの方は多いでしょう。

●投資って失敗すると大損するんでしょ？
●なんだか怖くて、最初の一歩を踏み出せない
●投資ってなんかうさんくさいから嫌い
●勉強するのメンドくさいっていうか、忙しい

本書は、まさにそんな抵抗感をお持ちの方のために書かれた本です。そして、そんなみなさまにもっともオススメの株式投資方法が、本書のメインテーマであるインデックス投資なのです。

なぜインデックス投資がオススメなのか？

インデックス投資の利点をいくつかピックアップしてみましょう。

①手間がかからない。

銘柄分析や、経済動向の分析などは一切不要。ネット証券でインデックスファンドを購入して、あとは長く保有するだけです。忙しいサラリーマンのみなさんに適しています。

②少額から始めることができる。

販売会社にもよりますが、インデックスファンドなどの投資信託なら１００円から購入することが可能です。

③科学的に「お金が増える」論拠がある。

投資はギャンブルというイメージをお持ちの方は多いでしょう。たしかに、売買を頻繁

プロの投資家にだって勝てるインデックス投資

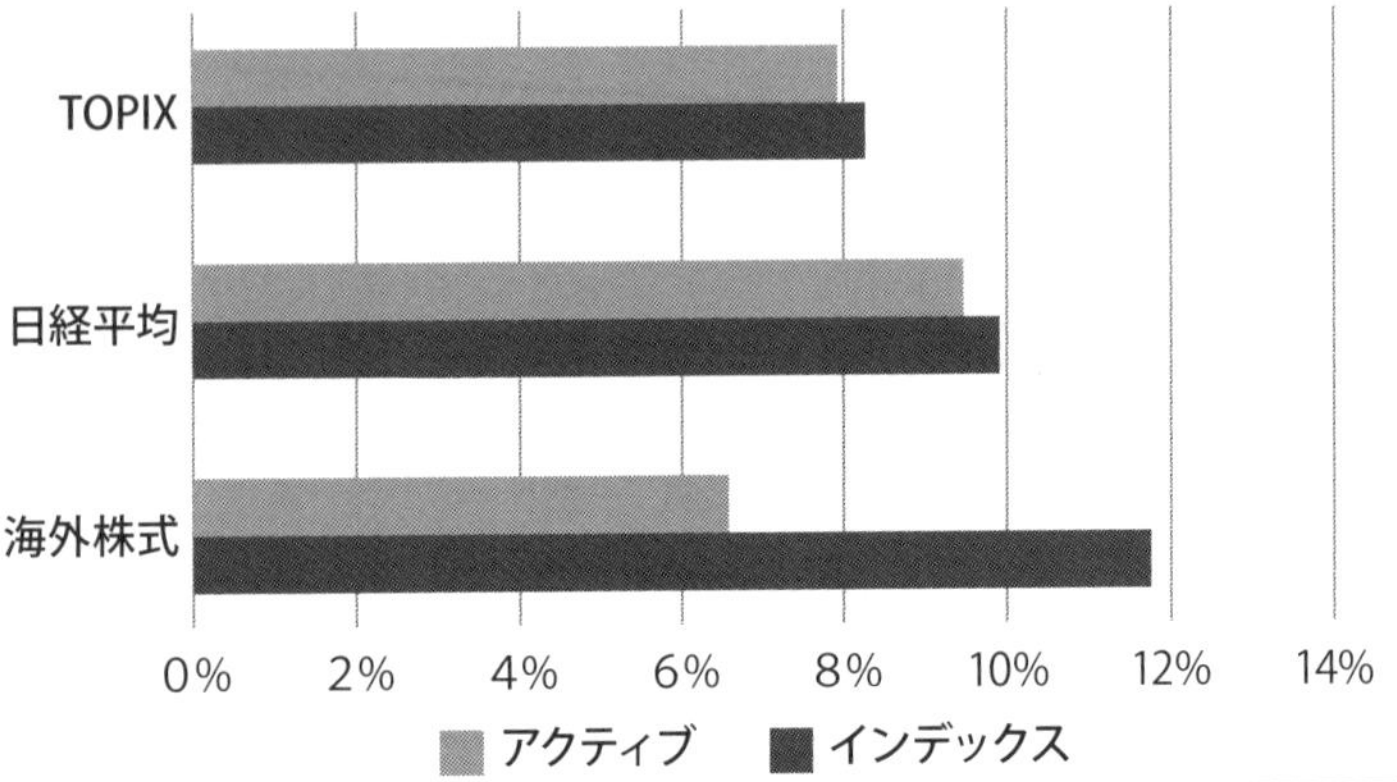

（出処）ウエルスアドバイザーにて筆者調べ
TOPIX は日本株大型ブレンド、日経平均は日本株大型グロースと比較
海外株式は、国際株式・グローバル・除く日本（為替ヘッジなし）と比較

に繰り返すような個別株取引には、そういう側面があります。一方、長期保有を基本とするインデックス投資は、ノーベル賞を受賞した経済学がバックボーンにあり、長期的にお金が増える確率は高いのです。

プロ投資家にだって勝てるインデックス投資

「そんなラクな方法でお金が増えると言っても、定期預金の金利に毛の生えた程度なんでしょ」。そう思ったあなた。違います。

　投資信託には、インデックスファンドの他に投資のプロが好成績を狙って運用するアクティブファンドがあります。プロの投資家が、企業の研究だの経済環境だのチャートだのいろいろな分析をして、高成績を狙う投資信託です。両者の平均リターンをここ10年間（～２０２３年５月）の年率リターンで調べてみました。

なんと、なんにも考えてないインデックスファンドの成績の方が、プロ投資家が腕を振るうアクティブファンドよりも平均で見ると成績がいいのです。海外株式に至っては、インデックスファンド約12％弱、アクティブファンド約６％強とほぼダブルスコアでインデックスファンドが勝利しています。

インデックス投資は、投資のプロにだって負けない力を秘めているのですね。

お手本としてのGPIF　国内最大のインデックス投資家とは？

国民の年金もインデックス投資で運用されています。日本国内最大規模のインデックス投資家と言えるのが、GPIF（年金積立金管理運用独立行政法人）です。その名の通り、国民の年金を管理運用しているところです。

２０２２年度の年金運用額は、なんと２００兆円。運用益は累計で１０８兆円。国民の年金という責任ある資金であることを踏まえてリスクを抑えながらの運用であるにもかかわらず、リーマンショックを挟む20年以上の期間の収益率は、実に年３・59％。かなりの長期間にわたって堅調に推移し、今のところ将来への備えの年金資産は減るどころか増えているのです。

GPIFは、プロだってインデックス投資の優位性を認めている好例です。

投資のど素人にこそオススメ　サクッとノーベル賞級の投資！

インデックス投資とは、投資のど素人がインデックスファンドを持っているだけなのに、プロの投資家に勝てる可能性が高いというウソのような投資法です。しかし、インデックス投資はウソどころか「現代ポートフォリオ理論やCAPM」というノーベル経済学賞の理論に裏打ちされた由緒正しき投資法なのです（4章）。

こんな、オイシイ投資法、やらないほうがもったいないと思いませんか？

本書を読めば、そんなインデックス投資の「始め方」「続け方」から「終わらせ方」まで一通りわかるようになっています。

むずかしい理論ではなく、普通のサラリーマンだった私の長期投資の経験から得た、実践的ノウハウを詰め込みました。

2024年から新しいNISAが始まる！

本書は、インデックス投資による長期的なお金の増やし方について書いた前著、『世界一ラクなお金の増やし方　#インデックス投資はじめました』のアップデート版でもあります。前著を書いてから5年。庶民の投資環境は更なる進化を遂げました。

インデックス投資を始めるみなさんにとって、今、更なる追い風が吹いています。

これ一本で超低コストで全世界に分散投資できる、インデックス投資の決定版と言えるファンドができたことなどを踏まえ、前著ではやや抽象的に説明したところも、より具体的に説明しました（例えばオススメファンド）。

2024年から非課税投資制度である「NISA」が、大幅に拡充されます。制度が恒久化され、非課税保有期間も無期限化。非課税の投資枠も若いみなさんが老後の資金を作る目的であれば、おつりが来そうな金額まで拡大されました。**今まさに、国を挙げてインデックス投資を中心とした長期投資を支援しようとしているのです。この新しいNISAの活用についても対応しました。**

この「NISA」の制度改革により、日本のインデックス投資環境はほぼ完成形となりました。インデックス投資黎明期に私が体験した試行錯誤や右往左往は、もはや必要ありません。誰もが手軽にスタートでき、そしてお金を増やすことができる時代がやってきました。

本書が、一億総投資家時代に迷えるみなさまの一助になるなら、著者としてこんなにうれしいことはありません。

新NISA対応!

ラクにお金を増やせる最強のインデックス投資

もくじ

はじめに　インデックス投資に救われた日……3
なぜ、長期投資を始めるべきなのか？……5
ピケティの法則が示す残酷な現実……7
なぜインデックス投資がオススメなのか？……9
プロ投資家にだって勝てるインデックス投資……10
お手本としてのGPIF　国内最大のインデックス投資家とは？……11
投資のど素人にこそオススメ　サクッとノーベル賞級の投資！……12
２０２４年から新しいNISAが始まる！……13

第1章

長期投資に出遅れなし。始めるときは、常に今

まずは、資産形成をすべき理由を腹落ちさせよう……32
変化に気付いた「となりの人」は、もう投資を始めている……34
長期投資とはどういうゲームなのか？……35

インデックスファンドを買ってプラスサムゲームに参加しよう！……36
長期投資に出遅れナシ……39
株価の動きはプロにもわからない……41
「東京五輪の後に長期投資を始める」という投資予想の末路……42
「つみたて投資」なら黙っていても「買い場」に出会う……43
「高値で始めたら損」の誤解……46
長期投資に向いてるファンドって何？……48
リスクは資産をむしばむ……51

第2章 超カンタン インデックス投資の始め方

そもそも投資信託とは？　要点をカンタンにまとめておく……58
投資信託の利点1：少額で分散投資ができる……59
投資信託の利点2：素人には手を出しづらい投資先にも投資できる……60
投資信託の利点3：金融機関が破綻しても投資家の財産は保護される……61

インデックス投資って何？……62
NISAでつみたて投資を始めよう……64
2024年からは大幅にパワーアップされた新しいNISAが始まる！……66
まずは、ネット証券に口座を開こう……67
その1　経営のスピード感……69
その2　証券会社が対応しているポイント経済圏……69
その3　クレカ積立てができるか？……71
ネット銀行も開設しておくとおトク……72
サービス競争に釣られて証券会社を変更するべきではない……73
ネット系金融機関の思わぬ効用……74
初心者こそ、銀行や証券会社に相談に行くべきではない理由……74
特定口座とNISA口座を開設しよう……75
Step1：積立金額を決める……77
積立額を決めるための3つのアクション……78
リスク資産をどのくらいの割合にするか……79

「つみたて投資」をしながら自分を知ろう……80
Step2：積立てるファンドを決める……82
実現するための組合せ方は3パターン……86
自分好みに修正する……88
Step3：さあ、「積立て」を始めよう！……89

第3章 インデックス投資　実践編

インデックスファンドを選ぶ7つのポイント……92
その1　つみたて投資枠の対象ファンドから選ぶ……92
その2　単一指数に連動するファンドを選ぶ……93
その3　保有コストで選ぶ……94
総経費率を目論見書や運用報告書でチェックしよう……94
その4　時価総額の推移を見る……95
その5　運用実績を見る……96

その6　トータルリターンで考える（配当込み指数を買う）……97
配当の多いファンドや銘柄が優秀というわけではない……98
その7　運用会社のインデックスファンドに対する姿勢を見る……99
オススメのインデックスファンド２０２３　16本をご紹介！……99
MSCIかFTSEか……101
米国株式中心に投資する場合に必要なファンド……102
米国株式投資は正解なのか？……103
東証ＥＴＦを外国株式に使う場合は注意が必要……106
２０２４年から始まる新しいNISA……109
死ぬまで使える！　制度が恒久化し、非課税保有期間が無期限化……111
あなたも富裕層！　つみたてNISAと一般NISAが統合し生涯投資枠が１８００万円に！……112
出遅れ組もキャッチアップできる！　年間投資枠も最大３６０万円／年に拡大……115
対象商品は長期投資指向に。「成長投資枠」は、従来の一般NISAよりぐっと絞られる……116
売っても使える！　生涯投資枠は再利用可能……118
つみたて投資枠だけでも１８００万円可能……120

成長投資枠も買う商品は一緒で良い……120
生涯投資枠は、できるだけ早く埋めるのが原則……121
まずは、新規の投資資金で埋める……122
積立て金額は、無理は禁物……123
2023年までのNISAはどう活用する？……124
特定口座の証券を売却して新NISAで買う……125
その1　預け替え後の利益がプラスになるか？……125
その2　将来の税率が上がるか？……127
50代くらいの人までは乗り換えた方がよさそう。60代は微妙……127
特定口座からの乗り換え時に留意すべき点……129
バランスファンドを選択してもいい人？……131
新しいNISAを機にNISA口座を変更できる？……132
新NISAで50歳から長期投資を始める場合の2つの留意点……133
新NISA　よくある質問……134
確定拠出年金とは、「じぶん退職金」……134

退職金弱者を救済する制度としてのiDeCo……136
確定拠出年金（DC）の資産運用方法……140
DC口座とその他の口座は一括で管理する……140

第4章 ド素人でもお金が育つ運用のツボ

投資に時間をかけないことで好循環が生まれる……144
お金が育つ理由① 本業の稼ぎに集中できるから……145
お金が育つ理由② 株式は勝手に成長するから……147
株式企業の利益が増えるから株式資産は育つ……147
より良い暮らしを願う気持ちが株価を上昇させてきた……150
お金が育つ理由③ 複利の力を利用するから……150
月3万円の「つみたて」で1000万？……152
ゼロ歳からの投資は、複利の威力を享受する最強の作戦……155
アセットアロケーション（資産配分）は「取れるリスク」から考える……157

【超重要】リスク資産と無リスク資産の比率を考える……158
インデックス投資の土台となった現代ポートフォリオ理論……159
ポイント①　標準偏差……162
ポイント②　期待リターンに期待しない……164
ポイント③　分散効果を高める組合せ……166
債券購入は定期預金や個人向け国債でも代替できる……168
為替リスクはある程度許容する……171
もうひとつの有力分散先　ＲＥＩＴについて……172
実は、オールカントリーにも含まれているＲＥＩＴ……173
必ず実施しよう！　リバランスで超シンプルにリスク管理……174
リバランスって何？……175
リスク資産が増えた場合……177
リスク資産が減った場合……178
リバランスの発動条件……180
バランスファンドを買えばリバランスは不要は間違い……182

第5章 暴落を利益に変えるシンプルなリスク管理法

リアロケーション：5〜10年に1度は、自分のリスク耐性の変化も考える……183
ある日マーケットはクラッシュする……186
危機は突然あさっての方向からやってくる……186
急落したら何をする?……188
サラリーマンの「つみたて力」はプロもうらやむ最終兵器……188
相場が急落したら、リバランスの観点で見てみよう……190
急落時にあせって買うべきではないと私が考える2つの理由……192
ポートフォリオ作りには時間がかかる……197

第6章 早期リタイアするとき、チェックしたこと

早期リタイアを決断した3つの理由……200
チャンスは二度と来ない……202
決断をするに至った算段は意外と単純……205
ねんきんネットを使ってカンタンシミュレーション……207
インデックス投資で培われた計算力が役に立つ……208
私の人生の損益分岐点は65歳までの生活費だった……209
仕事を辞めると自然と支出が大幅に減る……210
仕事を辞めて減る支出は大きい……211
住宅を購入すべきかどうかは超重要……212
知らない間に経済的自立を達成していた……214
再就職するもすぐ辞める。完全早期リタイアへ……215
早期リタイア者から見たFIRE……218

自由に生きる……219
資産運用の仕方はインデックス投資と相通ずる……219
FIREを目指すことによる損失……222
早期リタイアすると、好きな人になれる……223
長く働いていると目に見えない疲労もある……226
お金だけではなく、やりたいことを見つけておくことが資産形成……227
やりたいことはリタイアなんて待たずに始めてしまおう……228
早期リタイアは究極の自己責任……229

第7章 世界一カンタン ゆるトク出口戦略

出口戦略は出口が近くなったら考える……234
資産活用期も資産運用のやり方は全く変わらない……235
資産配分を見直す（リアロケーション）……236
リバランスは資産活用期でも必須……236

資産活用期は定率で取り崩すのが基本……237
取り崩し開始時期に暴落したら？……238
人生最終盤での暴落の対処は？……239
定口（期間指定）で取り崩す～リスク資産比率を徐々に下げる……239
相場低迷期に対応するための現金バッファ……241
4％ルールは定率ではなく定額取り崩し……241
より現実的な解としての「使いたいときに使う」……242
そしてオールカントリーが残った……243
「全く勉強しない」はありえない……245
出口戦略の根幹は金融リテラシー……246

おわりに　早期リタイアして8年経った今思うこと……249

第 1 章

長期投資に出遅れなし。始めるときは、常に今

まずは、資産形成をすべき理由を腹落ちさせよう

株式の長期投資でお金を増やすには、大きく、2つのガマンがあります。

ひとつは、今使えるお金を使わないガマン。資産形成は、「収入－支出」をプラスにすることから始まります。

もうひとつは、投資を続けるガマン。株式市場は山あり谷あり。怖くなって売りたくなることがあるかもしれませんし、別な理由でお金を使いたくなってしまうかもしれません。20年30年、いやそれ以上の長い間、じっと耐える必要があるのです。

まずは、なぜそんなガマンしてまでお金を増やしたいのか、資産形成をすべき理由をご自身なりに〝腹落ち〟させておくことをオススメします。資産形成の目的は人それぞれ。自分なりに考えるわけですが、ご参考までに、私が考える資産形成をすべき理由を2つご紹介します。

ひとつめは、**「お金は人生の選択肢を増やすことができる」**ということ。

私は早期リタイアのためにインデックス投資を始めたわけではありませんでした。しかし、いくばくかのお金があったおかげで、私は自由と時間を買えました。お金が理由で、「会社に残る」あるいは「お金のために慣れない仕事をする」という選択肢しかなかったら、私の人生の幸せ度は大きく低下していたに違いありません。早期リタイアしてからの自由でノンストレスな8年間を思い返してみて、しみじみ実感するところです。

お金があると**予期せぬ人生の変化に**柔軟に対応できます。投資は、そんなささやかな幸せを支える大きな糧となる力を持っています。

もうひとつは、**「予想されるお金を準備しておく」**ことです。

こちらは、より切実。中でもイチバン大きいのは、老後資金。少子高齢化の帰結として、年金の構造は変わります。今後は、老後資金に占める私的年金（つまり個人の金融資産）の必要度が高まると思われます。

変化に気付いた「となりの人」は、もう投資を始めている

資産形成の時代の到来。そのターニングポイントとなったのが、2018年から始まったつみたてNISA制度です。

ちょっと数字を見てみましょう。つみたてNISAの口座数の推移を見てみますと、今や口座数が5年で700万口座。つみたてNISAの主役は、もちろん現役の労働者。労働人口をざっくり5000万人とするなら、すでに1割強の人が始めています。そして、このカーブは、今後も右肩上がりになることが予想されます。

また、この制度がトリガーとなって、優れたインデックスファンドが一気に登場しました。これまで、「米国の投資信託はいいなあ」と指をくわえているしかなかった我が国にも、ついに春が来たのです。

「となりの人」はもう投資を始めている

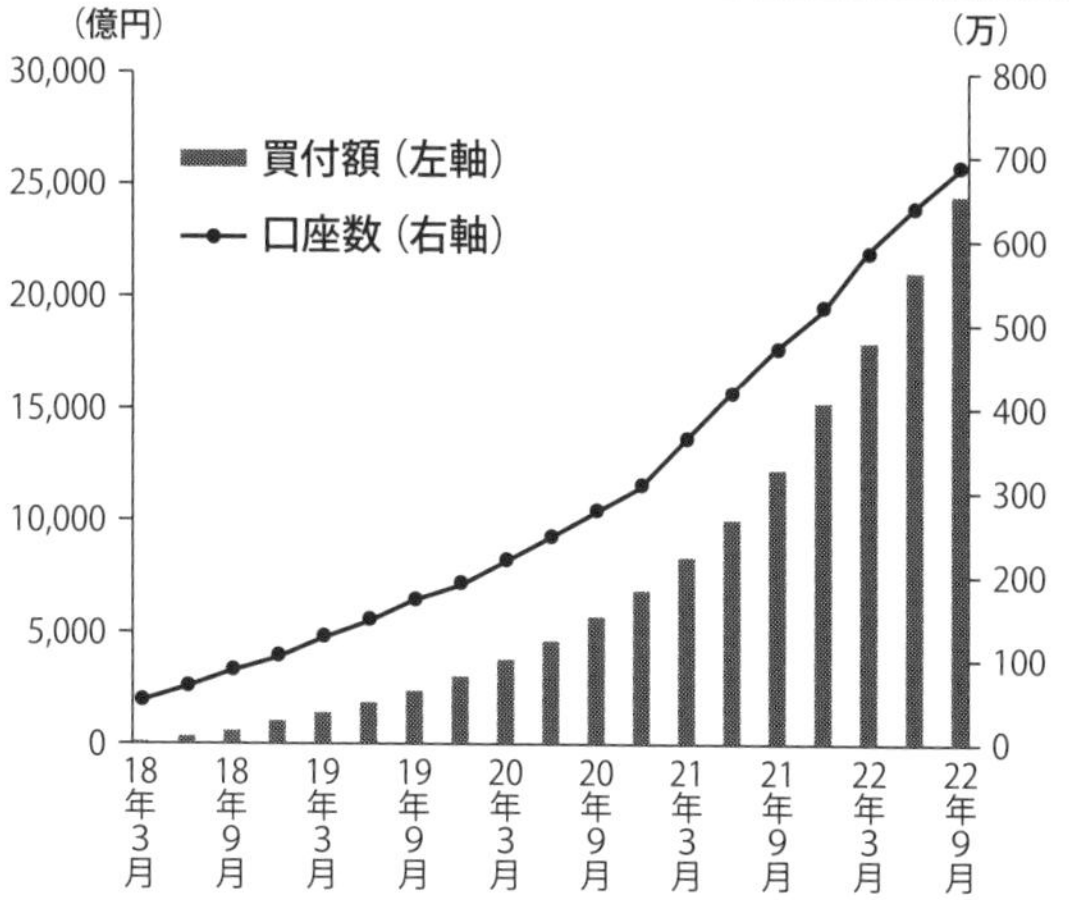

※各月末時点における口座数、買付額

前著を書いた5年前は、「となりの人は投資を始めているかも」というニュアンスで世間の雰囲気をお伝えした私でしたが、

「となりの人」はもう始めていた

のでした。そんな「となりの人」が始めている投資の主流こそが長期投資であり、インデックス投資です。

長期投資とはどういうゲームなのか？

つみたてNISAを使う＝長期投資と言っても過言ではありません。つみたてNISA

が意図しているのは、投資枠が年40万円と小さいだけで、長期投資そのものなのです。しかも、２０２４年からは、投資枠は大きく拡大され、制度も恒久化。非課税期間も無期限（死ぬまで）になります。

長期投資とはどうすると勝てるゲームなのでしょうか。ルールはとてもカンタンです。

ルール１　「自己成長し続ける資産」に投資する。
ルール２　少なくとも20〜30年以上、投資する。

この２つのルールをただひたすら守ることでお金を増やす投資方法です。

インデックスファンドを買ってプラスサムゲームに参加しよう！

まずはルール１。成長しないものに投資しても仕方がありませんよね。では、「自己成長し続ける資産」とは、具体的にどういう商品なのでしょうか。

投資には、ゼロサムゲームとプラスサムゲームがあると言われています。

ゼロサムゲームとは、ゲーム理論と呼ばれる経済理論の用語。参加者の得点と失点の総和（サム）がゼロになるゲームのことです。

たとえば、為替（ＦＸ）取引や株式投資の短期売買（トレーディング）がゼロサムゲームと言われています。プラスになった投資家と同じ金額分だけ、マイナスになる投資家がいて、全体としてはプラスマイナスゼロになるからです。勝つ人がいれば、それと同じだけの負ける人もいる。まあ、あたりまえですよね。

株式投資の場合は、参加料金がほとんどかからないため、総和はゼロですみますが、たとえば、競馬などのギャンブルでは、参加料（俗に言うテラ銭）がかかります。このようなゲームでは**参加者全体で見たときのリターンがマイナスになってしまう**ため、このようなケースをマイナスサムゲームと呼ぶ人もいます。

一方、同じ株式投資でも長期の分散投資の場合は、プラスサムゲームと呼ばれます。一人ひとりの参加者で見れば勝つ人負ける人がいますが、**全体として見たときの株式自体の価値は、長期的に増加する**からです。

整理するとこうなります。

- ●プラスサムゲーム：投資
- ●ゼロサムゲーム：投機
- ●マイナスサムゲーム：ギャンブル、宝くじ

思い出して欲しいのが本書冒頭にあった、右肩上がり、すなわちプラスサム特性を持つ株式上昇のグラフです。この時に使ったのは、株式市場全体を示す株式市場の指標（インデックス）でした……もうおわかりでしょう。

だったら、むずかしいこと考えないで、インデックスに連動する投資商品に投資すれば

いいのでは？　インデックスファンドを買うこと＝プラスサムゲームに参加することなのです。

長期投資に出遅れナシ

「話はわかったが、もう少し株価が安くなってから始めるべきではないか？」という疑念を持ち、今、始めることにためらいを持つ方もいらっしゃるでしょう。

次ページの図1-①は、21世紀になってからの日経平均株価の推移です。

2008年のリーマンショック以降低迷していた株式市場が2012年末～復調。いわゆるアベノミクスです。私が運営しているブログには、当時、こんな声が寄せられていました。

「いくらなんでも、ここまで上がったら、出遅れなんじゃないでしょうか？」

図1-① 日経平均株価の推移

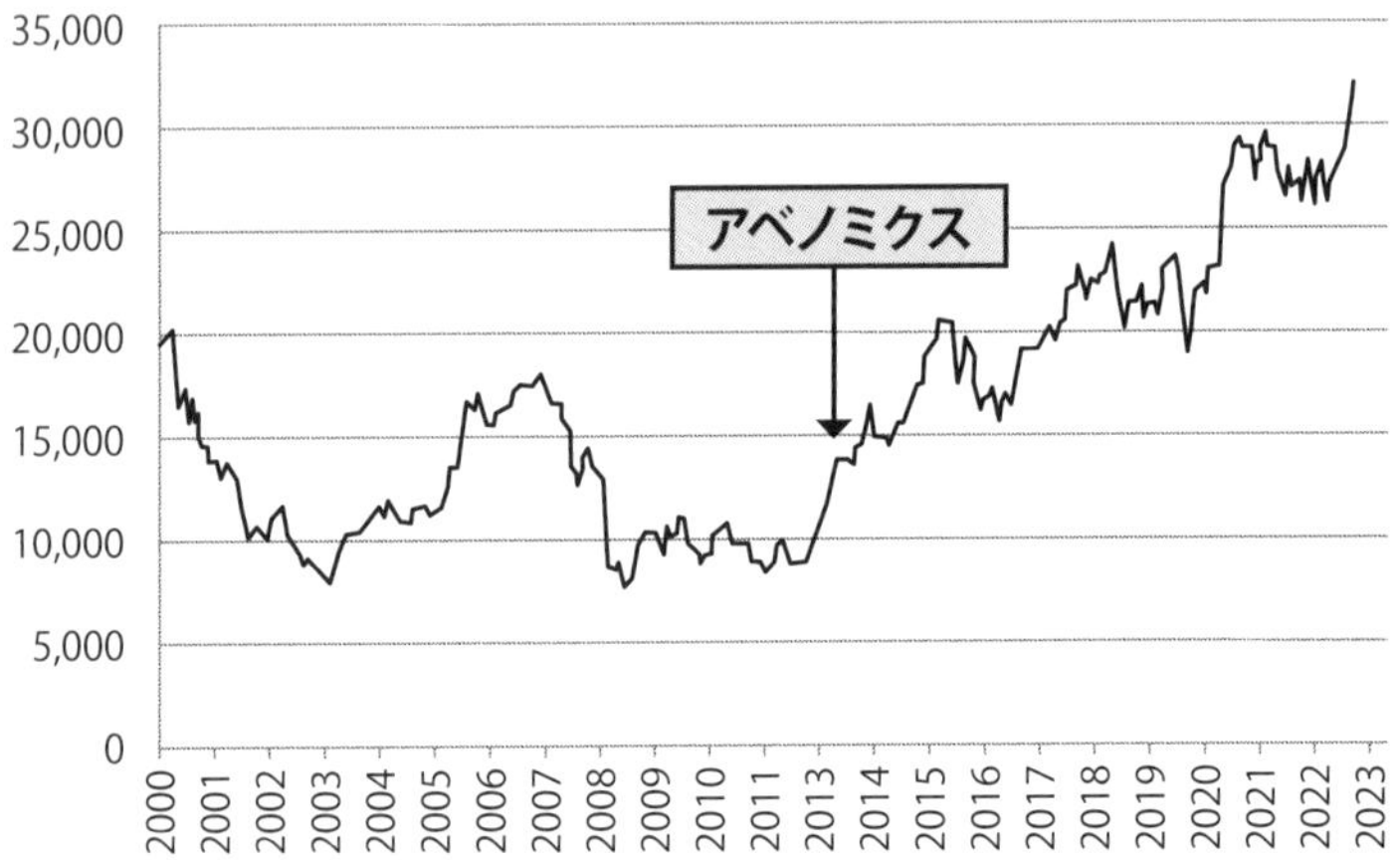

これに対する私の答えは、「長期投資に出遅れナシ」。

この声があったのは、２０１４年の３月ころ。当時の日経平均株価は1万５０００円くらいでした。この質問をされた方は、割高だと思われたのですね。たしかにリーマンショックの底値から倍、値を上げてますからね。

その後の株式市場はどうだったでしょう。みなさまご存じの通り、その後、チャイナショック、コロナショックなど、それなりの危機があるも日経平均株価は更に上昇しました。

「あの時始めておけば、儲かったのに……」と私が言いたいわけではありませんし、「これからも一本調子で上がり続けるだろう」と言いたいわけでもありません。

私が言いたいのは、**「中短期の株価は予想してもムダ」**ということです。

株価の動きはプロにもわからない

株価は、今が安値なのか高値なのか、プロも含めて誰にもわかりません。もしも、わかったとしたなら、全員がすぐに大金持ちです。「株価を予測して投資行動を起こす」ことはものすごく難しいのです。

「東京五輪の後に長期投資を始める」という投資予想の末路

5年前の前著では、「買い場」を探りたいという人々は多い。時折、長期的な経済予測や株価予測というのが出てくる。これらの予測は与太話として大変面白く、実は私も大好きだ。しかし、こういうのは当てにならない。……という話を書きました。

当時（2018年）取り上げたのが「東京五輪の後に長期投資を始めた方がいいんじゃないの？」「今は2020年の東京五輪で投資が盛り上がっているだけ」「五輪が終われば、反動がきてドンと下がる」「その時買えばいい」といった声です。

その時の私の意見は、「専門家の予測通りに世界経済が動くはずもない。個人投資家の予測は言わずもがな」、つまり**「予想してもムダ」**というものでした。

そして、現実は、この予想のはるか斜め上を行くものでした。

●コロナ禍の影響で、東京五輪開催前に株価が下がった（2020年）。
●コロナ禍の影響で、東京五輪は開催が1年遅れた（2021年）。
●東京五輪後には株価はすっかり回復し、短期的な買い場はとうの昔に過ぎていた。

やっぱり、どう予想してもはずれますね。

もちろん、マーケットに「買い場」は存在しますし、それを逃しては長期投資のリターンを大きく毀損します。

「つみたて投資」なら黙っていても「買い場」に出会う

私がオススメしている長期投資は、サラリーマンが月々の給料の余裕資金の一部をコツコツ長期間に積立てるというものです。

もう一度、日経平均の図1-②をご覧ください。

一体いつ投資を始めるべきだったのでしょう。学ぶべきは、丸をした時期に「株を買うべきだった」「買いそびれた」「出遅れた」という後悔ではありません。

●この二十数年の間にも株の「買い場」は3～4回は訪れた。
●「買い場」がいつ訪れるかは、全くわからない。
●しかし、**つみたて投資でならイヤでも「買い場」に出会う。**

ということなのです。

長期投資というのは、私が思うには、少なく見ても20年。長く見て一生。極論すれば、子孫にも財産が残りますから、永遠に続きます。**早く乗り出せば乗り出すほど、それだけたくさんの「買い場」に出会う可能性が高くなります。**

図1-② つみたて投資ならイヤでも「買い場」に出会う

しかし、株式投資を始めていなかったら、その人は、何度も訪れるであろう「買い場」を逃します。そして、長期投資最大の原資である「時間」がいたずらに過ぎて行くわけです。

今の株価が安値なのか高値なのかは、誰にもわかりません。

言ってみれば、「買い場」とは、過ぎ去りし青春の日々。幾ばくかの時が過ぎてから、「あー、あの時が仕入れ時（青春）だったんだな」と思い返すものなのです。

人生の大切な時間が過ぎてしまう前に、

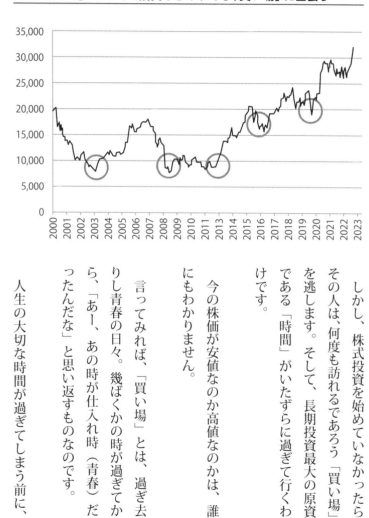

つみたて投資を始めましょう。そして、人生も投資も、前に進めば、青春は何度だって訪れてくれます。

「買い場」とは、持っている資産が値下がりしてしまい、しょげてしまう時期でもあります。特に、資産が大きくなっているほど、ダメージは大きくなります。長期投資最大の課題はここにあり、ぐっとこらえることが大切です。

「高値で始めたら損」の誤解

投資を始めていない方が心配されるのが、「高値のときにつみたて投資を始めたら損」という誤解です。たしかに、高値のときに全財産のほとんどを一括で投資したら、ダメージは大きいです。しかし、長期のつみたて投資の場合は、高値のときにつみたて投資を始めて、すぐ暴落が来ても、**「そのうち損だったか得だったかわからなくなります」**。なぜなら、つみたて投資を始めたばかりのころは、まだ投資額が少なく、何十年後かの投資元本で見れば、わずかだからです。

たとえば、月3万円、年36万円投資したとします。仮に、最初の1年が、その時の高値で、その後すぐに暴落が来ても10年経つと、投資の原資は36万円×10年＝360万円。この時、最初の年の高値づかみだったと思っていた投資は、全体の10％に過ぎなくなっています。さらに10年経つとこの比率は全体の5％。影響度は下がるのです。

また、若いうちに投資を始めると、最初は積立て額が少ないかもしれませんが、収入の増加とともに積立て額が増えるかもしれません。そうすると、最初の年の投資の影響度は更に低くなります。長い間投資をしていけば、その途中にあるであろう何回かの「買い場」のプラスの影響の方が大きくなっていきます。

長期投資を始めるとき、それは、常に「今」なのです。

長期投資に向いてるファンドって何?

長期間投資を続けるためには、長期投資に向いた投資対象に投資する必要があります。

長期投資に向いたファンドの要件は、3つあります。

①遠い未来も、その商品(ないしは代替商品が)存続している
②分散投資をしている
③低コストな商品である

①遠い未来も、その商品が存続している

日本には投資信託が、4500本くらいあります。この中からたとえば20年後、どのくらいの商品が生き残ることができるのか調べてみると、運用期間20年以上のファンドは480本程度でした。30年以上運用している投資信託に至っては、40本程度。たったの1

パーセントです。

長期投資指向であっても、投資信託の長期保有はなかなか難しいのです。その理由は、大きく2つあります。

ひとつは、保有していた投資信託が繰上償還されてしまったというケース。「繰上償還」というのは、投資信託が当初の予定よりも早くなってしまうことです。売れなくなったとか、多くの人が手放したとか、パフォーマンスが悪化したとか、もろもろの理由で運用会社が売るのをやめちゃうことがあります。そして、なくなってしまっては、持っていたくても保有できません。資産がゼロになるわけではありませんが、その時の時価で強制的に売却されてしまいます。

もうひとつが、ファンドが時代遅れになってしまったケースです。運用方針が陳腐化した、ファンドマネジャーの変更で運用方針が当初とは変わってしまった、コストが高いままで相対的に割高になった、などなど。

この点、インデックスファンドは、メジャーな株価指数であれば、仮に償還があったとしてもカンタンに代替ファンドを見つけることができます。同じ指数に連動するファンドに乗り換えてしまえば良いのです。また、「つみたてNISA」以降、**陳腐化しにくそうなしっかりしたファンドも何本か登場してきています。**

②分散投資をしている

投資には、リスクがあります。日常生活では、「危ない」というニュアンスで使われることが多いですが、金融の世界では「リスク」は、多くの場合、価額や株価の「変動率」の意味で使われます。そして、リスクを下げる最良の方法が分散なのです。

１９９０年代、日本株だけが低調で、世界は好調だったという時代がありました。当時、日本の庶民は世界に投資する手段も智恵もなく、ただただ日本経済の低迷の影響だけを受けてしまうことになりました。その残念な時代の体験（トラウマ）もあって、日本だけではなく世界へも分散して投資することが必須であると多くの人が思うようになりました。

この面でも、インデックスファンドは優れています。そもそもインデックスファンドの場合、投資先である株価指数自体が、市場にあるいろんな銘柄に分散されています。インデックスファンドを一本持つだけで、市場全体に分散することができるようになります。

リスクは資産をむしばむ

リスクが、なぜ資産運用に悪影響を与えるのかについて、イメージをつかんでもらうために、カンタンなモデルを使って説明したいと思います。ある投資信託があったとします。そして、ある年のその投資信託の基準価額が1万円だったとします。次の年、20％値下がりしたとします。すると、1万×（1−20％）＝8000円になります。次の年、今度は、20％値上がりしたとします。するとどうなるか？　1万円に戻る？　違うんです。

8000×（1＋20％）＝9600

元には戻らず減るのです。期待リターンがゼロの仮想資産が、リスク10％、20％、30％で変化し続けた場合のイメージを書いてみました。

－10％↓＋10％↓－10％↓＋10％↓…
－20％↓＋20％↓－20％↓＋20％↓…
－30％↓＋30％↓－30％↓＋30％↓…

の3パターンです。

図1-③のとおり「ギザギザカーブ」を描いてどんどん、減って行くのがわかると思います。変動がプラスにもマイナスにも同じ確率で発生したとすると、トントンになるどころか資産にマイナスの影響を及ぼしてしまうのです。変動が大きいほど、マイナスの影響が大きいこともわかります。この「ギザギザカーブ」（リスク）こそが曲者で、長期投資、最大の難敵です。

図1-③ リスクが高いほど資産にマイナスの影響を及ぼす

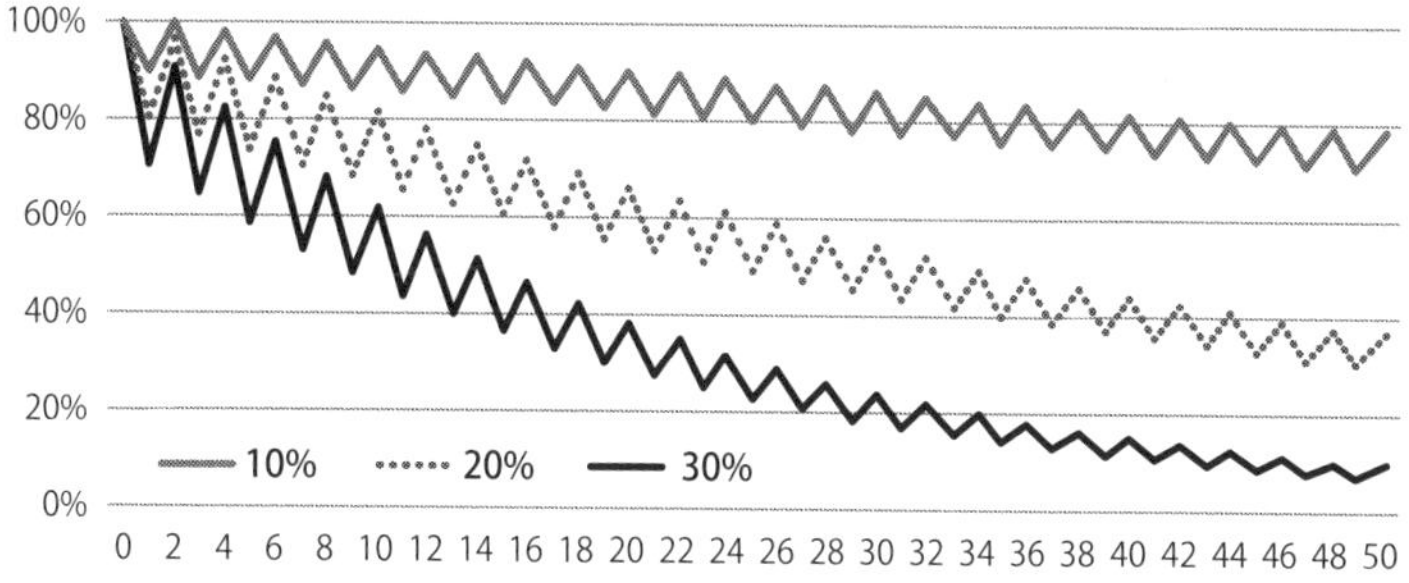

また、「ギザギザカーブ」は、長期投資家に与える心理的圧迫ともなります。と言うか、こっちの方が大きいです。たとえばリスクは、値上がりしたときはプラスに作用することもあります。しかし、こういう「行け行けドンドン」の状態であるときほど、リスクがマイナスに作用したとき（値下がりしたとき）には、一気に心が折れちゃうのです。

株のようにリスクを持った資産を「リスク資産」と呼びます。ここで、リスク資産に関して、覚えておいた方が良さそうなことを整理します。

●リスク資産は、ギザギザカーブ（リスク）を描きながら成長する。

●ギザギザカーブは、資産成長の妨げになってしまうことがある。

●ギザギザカーブは、長期投資の継続に心理的な悪影響も与える。

長期投資を続ける上では、ギザギザカーブの振れ幅（リスク）を小さくすることがとても大切なんですね。

投資信託は基本的に多くの銘柄に分散投資されていますが、その中でもインデックスファンドは、理論に裏付けられた合理的な分散投資を実現することができます。

③低コストな商品である

長期投資に向いた商品の第一条件としてあげられるのが、低コストです。コストの面でも、インデックスファンドは優れた商品です。

投資信託には、信託報酬という**保有しているだけでかかるコスト（保有コスト）**があります。これが長期投資においては、大きな足かせになります。信託報酬率が年１％だった

図1-④ 長期になるほどコストは資産をむしばんでいく

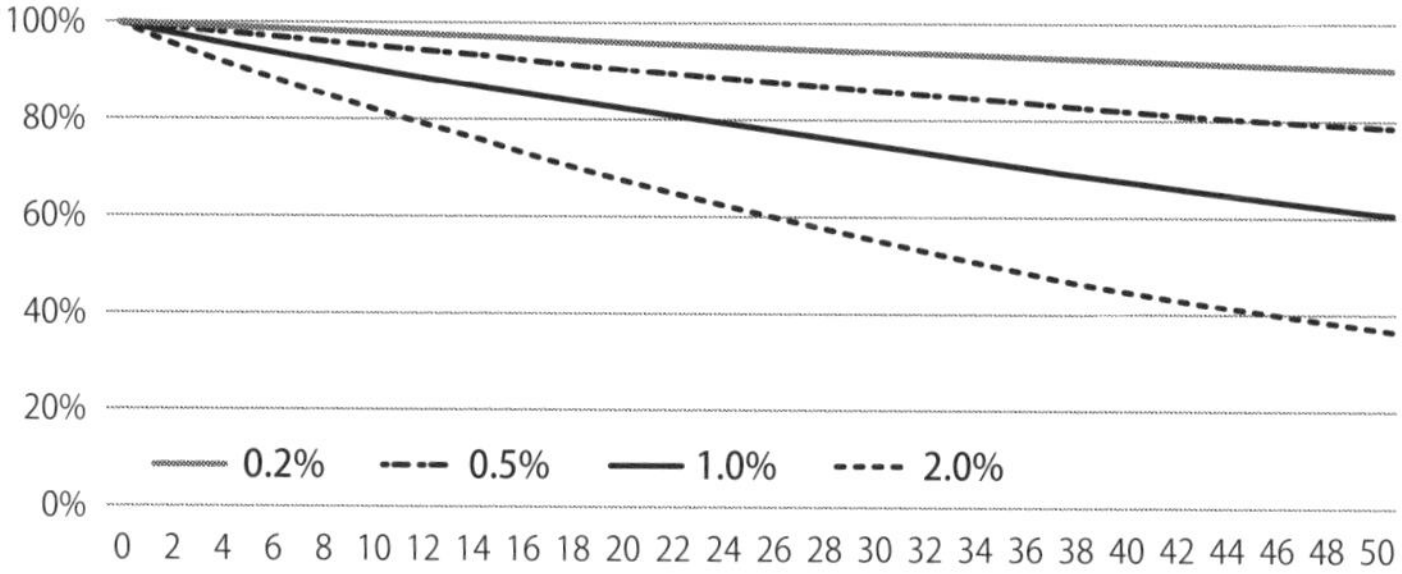

とすると、期待リターンが年5%の投資対象があったとしても、実際のリターンは年4%に減っちゃいます。もしも、今や金利ゼロの銀行預金に毎年1%の口座維持手数料がかかったとしたら、だれが銀行にお金を預けるでしょうか？　期待リターンがゼロ（預金で言えば、金利ゼロ）の商品があったとして、保有コストによってどのくらい自分のお金が減っていくのか、図にしてみましょう（図1-④）。

横軸は年数ですが、ドンドン減って行くのがわかると思います。信託報酬率が1%だと、20年で8割近くまで下がってしまいます。アクティブファンドの信託報酬率は、年1%を超えるものが多いですが、インデックスファンドは、今や年0・1%程度のものが主流になっています。一ケタ違うのです。ここは、インデックスファンドの圧倒的に強いところです。

以上、本章では、インデックス投資が長期の資産運用にとても向いている手法であることをご説明しました。

次章では、早速、インデックス投資の始め方についてのお話に突入します。

第 2 章

超カンタン インデックス投資の始め方

そもそも投資信託とは？　要点をカンタンにまとめておく

インデックス投資の具体的な手順の前に、投資信託について、カンタンにふれておきます。インデックスファンドは投資信託の一種だからです。投資信託の仕組みの要点は、こうなります。

●運用の専門家（運用会社）が、投資家から、資金を集める。
●運用会社は、集めた資金をいろいろなところへ投資する。
●個人投資家は、少額でいろいろな投資をすることができるようになる。

直接、よくわからない株式取引をしないですむ、庶民にとってありがたい商品なのです。インデックスファンドも、もちろん投資信託の一員です。投資信託のメリットについて、いくつか、例をあげて説明してみましょう。

少額投資も可能にしている投資信託の仕組み

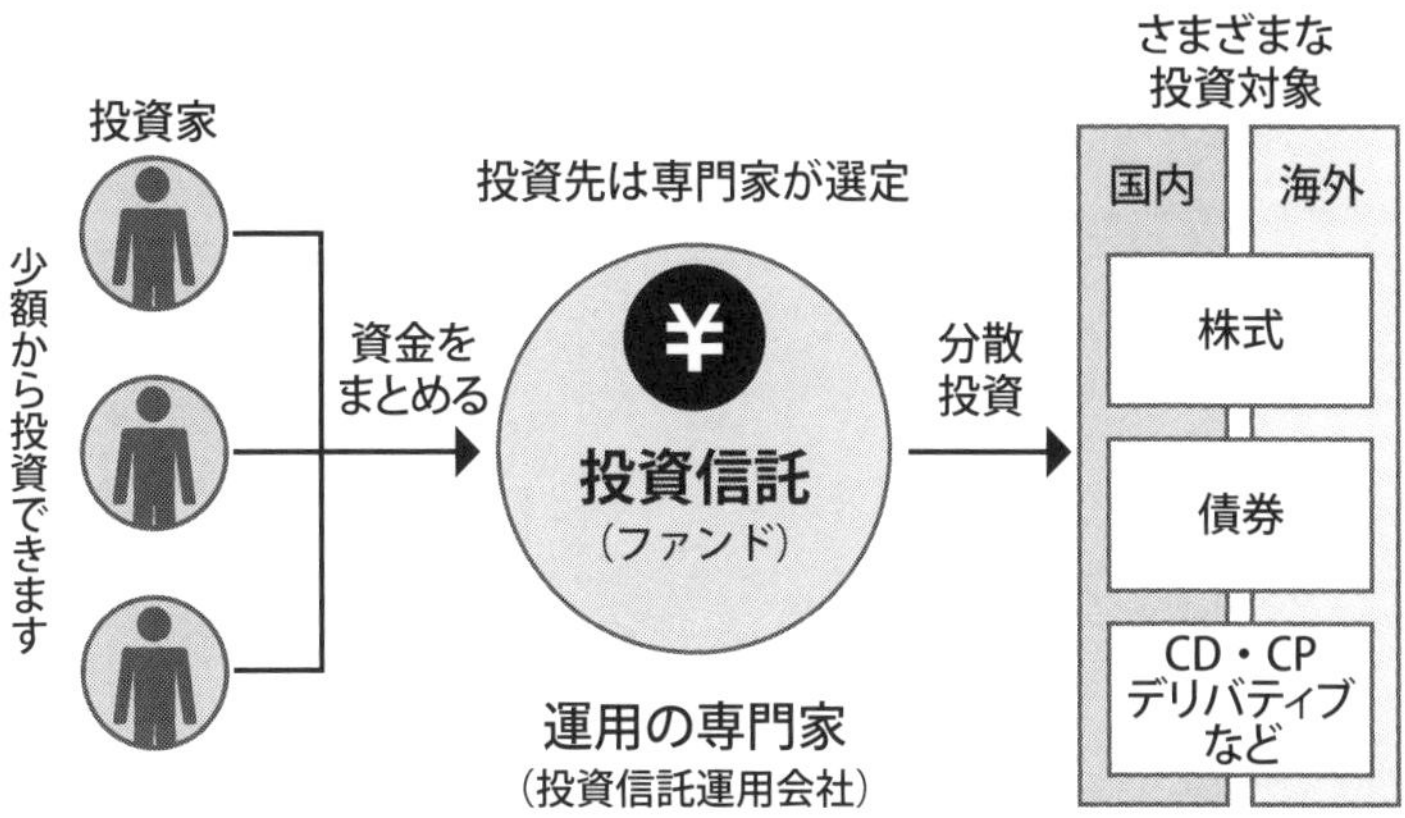

一般社団法人投資信託協会のウェブサイトを参考に作成

投資信託の利点1：少額で分散投資ができる

株式を購入するには、株式市場で日々取引されている会社の株（銘柄）を買わなければいけません。株式の売買単位（単元株）は、通常100株とか、1000株です。たとえば、株価5000円のA社の売買単位が100株だった場合、50万円必要になります。

1社買うだけでも大変なのですが、1社しか買わないのは、いかにも危険です。もし、その会社の経営がおかしくなったり倒産してしまった場合、どうなるのでしょうか。そう思うと複数の会社の株を買っておいた方が安心ですね。分散投資ですね。

実際に個別株で分散投資をしようとすると、ものすごく大きなお金が必要になってしまいます。しかし、投資信託であれば、少額でもたくさんの会社に投資することができます。

投資信託の利点2：素人には手を出しづらい投資先にも投資できる

また、投資信託では、素人には到底アクセスすることができない株式市場にも投資することができます。あなたが、これから成長すると期待している東南アジアの国々に分散投資をしたいと考えたとします。どうやったら、投資できるでしょうか。まずは、その国の口座を開いて……？　どうやったら良いか、私も見当すら付きません。

でも投資信託なら、その購入のための課題は運用会社やその先にある委託先が解決してくれます。

投資信託の利点3：金融機関が破綻しても投資家の財産は保護される

投資信託は、投資家の財産を保護する仕組みもしっかり備えています。

投資信託は次の3つのステークホルダーで運営されます。

①投資家に投資信託を販売する「販売会社」
②投資信託の運用を行う「運用会社」
③資産を分別管理している「信託銀行」

これらは、相互に補完するようになっており、「販売会社」や「運用会社」は資産本体の管理自体をしていませんし、「信託銀行」も、分別管理といって、投資家の財産を信託銀行自身の財産とは別に保管管理しています。

相互に補完により投資家の財産は守られる

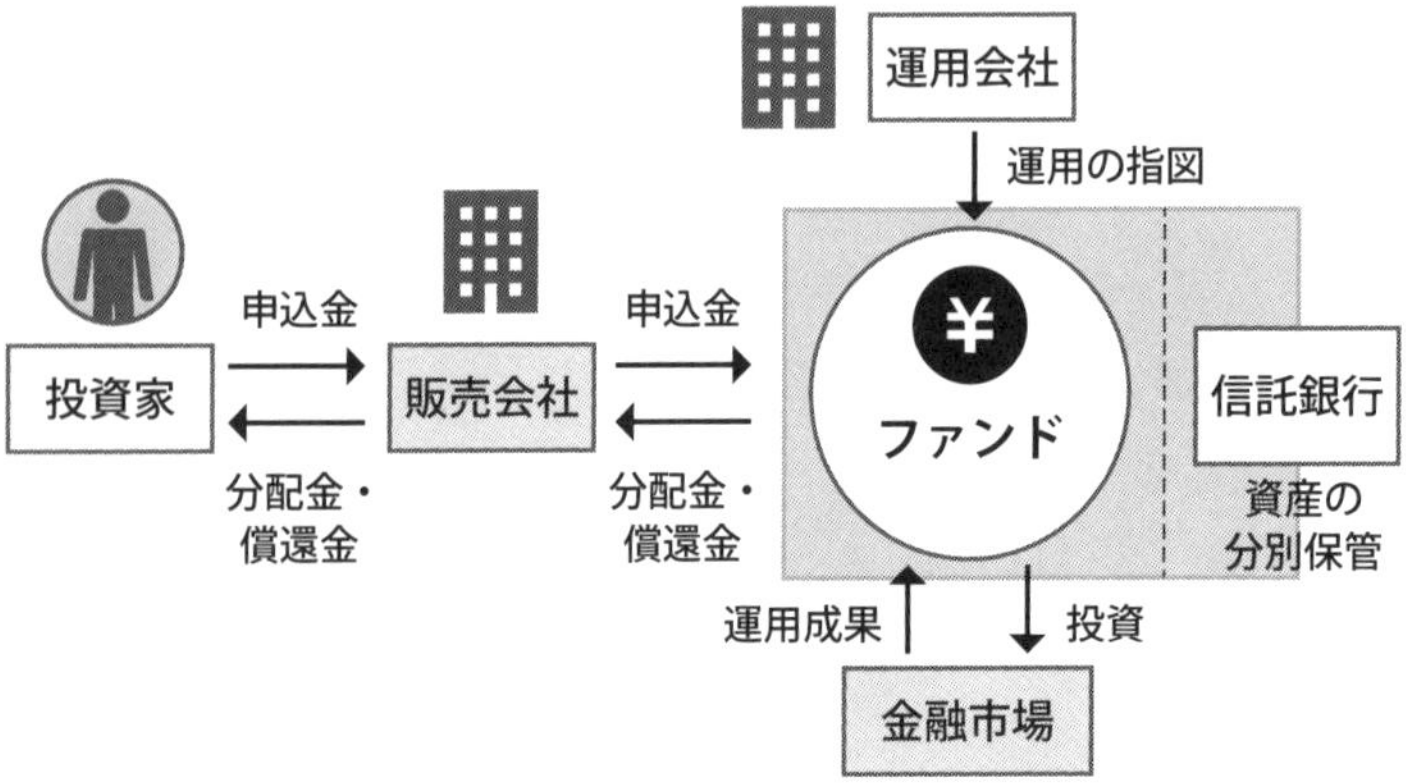

一般社団法人投資信託協会のウェブサイトを参考に作成

仮に、この3つのステークホルダーの**どこかが経営破綻したとしても、投資信託を構成する証券自体は残り、投資家の財産がしっかり守られる**仕組みになっています。

また、極めてレアケースですが、破綻した証券会社が顧客に資産を返還できなかった場合も、証券会社が資金を集めて運営している「日本投資者保護基金」が顧客1人あたり上限1000万円まで補償を行ってくれます。

インデックス投資って何?

インデックス投資とは、早い話、そんな

投資信託のひとつであるインデックスファンドを買うことです。インデックスファンドとは、よく新聞やテレビで聞く日経平均株価やTOPIX（東証株価指数）というような株価指数と同じ動きをする投資信託（ファンド）のことです。

インデックスファンドは、市場の全銘柄に投資、あるいはそれに相当するような投資をしてくれます。極めて合理的に分散投資を低コストで実現してくれる投資ツールです。

もちろん、海外の株価に連動する指数もあります。株価指数に連動して、株価指数が上がればファンドの価額（ファンドの値段のことを価額といいます）も上がり、株価指数が下がればファンドの価額も下がります。

一例として、つみたてNISAで指定されている指数の一覧をあげておきます（次ページ図2-①）。

証券会社や銀行では、これらの指数に連動するインデックスファンドが売られています。

図2-① 世界にはいろいろな株価指数がある

分類		指数の例
日本株式		TOPIX
		日経平均株価
		JPX日経インデックス400
海外株式	全世界	MSCI ACWI Index
		FTSE Global All Cap Index
		MSCI ACWI Index (Ex.Japan)
	先進国	MSCI World Index
		MSCIコクサイ・インデックス
		FTSE Developed All Cap Index
	米国	S&P500
		CRSP U.S. Total Market Index
	新興国	MSCI Emerging Markets Index
		FTSE Emerging Index
		FTSE RAFI Emerging Index

インデックス投資は、始めるときもとてもカンタンです。証券口座を開設し、インデックスファンドの自動積立設定をする。以上、終了。基本は、たったこれだけです。

あとは、年に1度程度、カンタンなメインテナンスをする程度。つみたて投資にしておけば引落しは自動なので、いったん設定するとほとんど何もしなくていいので忘れるくらいです。日々の株価の変動に心をわずらわせなくてすみます。

NISAでつみたて投資を始めよう

そんなインデックス投資のスターターキットとしてオススメなのが、2018年から始まった「つみたてNISA制度」です。これを始めるだけで、自動的にほぼ完成形のインデックス投資が実現できてしまいます。

つみたてNISAの主な利点は、2つあります。ひとつは、それまでのNISAでは5年間しかなかった非課税期間を20年にしたこと。これによって、多くの人が長期投資を実践する足がかりを得ることができました。

もうひとつは、対象ファンドを絞ったことです。ことに長期投資の大敵である投資信託のコストについて、つみたてNISAには、以下のようなガイドラインがあります。

- 販売手数料はゼロ（ノーロード）
- 信託報酬は一定水準以下（国内株のインデックス投信の場合0・5％以下）に限定
- 顧客に対して、その顧客が過去1年間に負担した信託報酬の概算金額を通知

つみたてNISAをトリガーに、それまで、年0・5％程度で、高止まりしていたインデ

ックスファンドの信託報酬率の相場が、0・1%まで急降下。低コストではるかに先行していた米国を一気にキャッチアップすることになったのでした。

2024年からは大幅にパワーアップされた新しいNISAが始まる！

そして更に、2024年からは、これまでのNISA制度を統合かつ大幅に拡充した新しいNISAが始まります。

●20年だった非課税期限が無期限に
●年40万円までだったつみたて投資枠が120万円に
●成長投資枠（一般NISA後継）年240万と合わせて年360万円まで投資可能に
●つみたてNISAでは800万円だった非課税投資枠が、1800万円に

若いうちからうまく活用すると、老後の資金は、ほとんどまかなえるのではないか？

というレベルにまでNISA制度は、グレードアップしました。

新しいNISAと確定拠出年金の活用する上での勘所は、第3章で述べます。ここでは、**投資を始めるなら、「NISA一択」だということだけひとまず頭に入れておいてください。**

金融庁では、NISAの普及に向けて精力的に活動しており、専用の特設ウェブサイトも作っています。ぜひ参照してみてください（"NISA 金融庁"で検索）。

まずは、ネット証券に口座を開こう

投資を始めるにあたって、「そもそもどこで買えば良いの？」という方も多いでしょう。インデックスファンドは、いろいろなところで買えますが、筆者としては、ネット専業の証券会社をオススメします。

5大ネット証券と呼ばれるのが、SBI証券、楽天証券、マネックス証券、auカブコム証券、松井証券。その中でも、トップランナーとしてしのぎを削っているSBI証券、楽天証券あたりにしておけば、開設後の迷いは少なくなるでしょう。

ネット証券の利点は、商品の品揃えが豊富で、よほどマニアックなものでない限り購入可能であること、手数料が安いこと、です。インデックス投資家が利用すべき、低価格のインデックスファンドも、設定当初はネット専用になることが多いです。

大手証券会社もネットサービスを展開してはいますが、経営のフットワーク、取り扱い投信の本数、細かいサービス提供等々でネット専業の証券会社に軍配が上がります。

ネット証券が生まれて20年以上が経ち、その間、激しいサービス競争がありました。結果、ブローカー(仲介業)としてのネット証券各社の差は、今や、ほとんどありません。ましてや、やることが単純なインデックス投資。多少のサービスの差は、気にすることはありません。

とは言えどこか1社に決める必要がありますので、証券会社を選ぶ際のご参考に勘所を3つほど書いておきます。

その1 経営のスピード感

経営のスピード感、競争に対する感度はけっこう重要なチェックポイントです。

これまでだと、ＳＢＩ証券、楽天証券が、個人向け証券サービス競争の最前線にいました。他社も追従はしてくるのですが、やや出遅れ気味。

しかし、常に競争は続いています。たとえば、本書の執筆時点ですと、最近、株式手数料の完全無料化などでＳＢＩ証券が一歩抜きんでています。

その2 証券会社が対応しているポイント経済圏

キャッシュレスの時代となり、ネット証券も社会に拡がったポイント経済圏に対応するようになりました。各ネット証券では、投信を保有していたり、購入した際にポイントが付くサービスを展開しています。

たとえば、こんなポイントに対応しています。

●SBI証券→Tポイント、Ponta ポイント、dポイント
●楽天証券→楽天ポイント
●マネックス証券→マネックスポイント

他社のポイントに変換するサービスを提供している会社もあります。せっかく証券会社に口座を開くのですから、ご自身がよく利用しているポイント経済圏を判断材料にするのもありでしょう。

投信の保有ポイントは実質的な保有コストの低減に寄与しますから、おまけと言ってもけっこう貴重です。投信保有ポイントを比較すると、三菱UFJ国際投信の eMAXIS Slim 全世界株式（オール・カントリー）では、以下のようになっています。

●SBI証券　年0・042%
●マネックス証券　年0・03%
●auカブコム証券　年0・005%
●楽天証券　保有ポイントなし
（2023年6月現在　筆者調べ）。

その3　クレカ積立てができるか？

投信積立ての決済手段としてクレジットカードが使えます。ただし、どんなカードでもオーケーではなく、使えるカードは証券会社ごとに限定されています。ご愛用のカードはありませんか？　そことの整合性もひとつの判断材料です。

その2、その3は、言ってしまえば、おまけのサービスに過ぎません。しかし、ネット証券のトップランナーは、もはや、こういった付加サービス程度でしか比較のしようがなくなっているとも言えます。

こういったサービスは、常に変動します。ぜひチェックしてみてください。

ネット銀行も開設しておくとおトク

必須ではありませんが、ネット銀行を併せて開設しておくこともオススメします。たとえば、ＳＢＩ証券と住信ＳＢＩネット銀行、楽天証券と楽天銀行を組み合わせると、待機資金を連携できたり、ネット銀行の金利が優遇されたりして、うれしいことが多いのです。電子取引をするときにもネット証券は便利です。条件により送金手数料無料にできる会社もあります。

ネット系の金融機関に対して、「どうも信用できない」という人もいますが、今やネット専業の証券会社は長い歴史を持ち、実績もあります。また本章の冒頭で述べたとおり、個人が保有する証券は分別管理によって保全されています。万が一のことがあっても、心配はありません。

サービス競争に釣られて証券会社を変更するべきではない

いずれにしても、金融口座は最小限にしましょう。口座が多すぎると管理が大変になるからです。

ネット証券各社は、常にサービスを競い合っています。新しいサービスや商品に釣られて、新しい口座を開設したくなる誘惑がありますが、オススメできません。

私の失敗談で恐縮ですが、やたら口座が増えていくんですよね。口座ヲタク化してしまうのです。私の場合は、ここ何年かで10社を超えていた金融口座を証券会社を2社、銀行を3口座にまで減らしましたが、けっこう大変な作業でした。

ネット系金融機関の思わぬ効用

ネット証券やネット銀行などのネット系金融機関に私が感じているメリットのひとつが、「商品勧誘の電話がかかってこない」ことです。

かつて、給与振込口座を普通の銀行にしていたころは、たまに普通じゃない商品（「仕組み債」など）の勧誘を受けておりました。しかし、当時勤めていた会社の給与振込口座がネット銀行でも大丈夫になって切り換えた途端、ぴたりと勧誘の電話はなくなりました。

初心者こそ、銀行や証券会社に相談に行くべきではない理由

初心者のみなさんの中には、身近な金融機関として、近所の銀行や証券会社に相談に行きたいという人もいらっしゃるかもしれませんが、オススメしません。時に、複雑な仕組み商品の勧誘を受けることがあるからです。

①コストがよくわからない（あるいは高い）
②妙に利率がいい（そのために複雑な仕組みがある）
③それ以前に利率が良いのか悪いのかわからない（ベンチマークがないか不適切）

いわゆる「買っちゃダメ」な投資商品です。売り手としては利幅が大きいですが、買う方は不利な商品。証券会社も銀行も、商売ですから利幅の大きい商品を売り込もうとするのは致し方ないのかもしれません。しかし、買って損するのはこっちです。

どうしても銀行窓口に相談したいという方は、もっとベーシックな商品である程度の経験を積んで、理論武装してから望むべきでしょう。しかし、そうなっていれば、もはや初心者ではありません。たかが資産形成。相談するまでもないということに気付くでしょう。

特定口座とNISA口座を開設しよう

証券口座には、いくつかの種類があります（次ページ図2-②）。

図2-② 特定口座とNISA口座を開設しよう

	(1) 特定口座（源泉徴収あり）	(2) 非課税口座（NISA）	(3) 特定口座（源泉徴収なし）	(4) 一般口座
年間取引報告書	証券会社が作成			自分で作成
確定申告	不要		必要	
課税	あり	なし	あり	あり

（1）特定口座（源泉徴収あり）
（2）非課税口座（NISA）
（3）特定口座（源泉徴収なし）
（4）一般口座

この中で、通常利用するのは、（1）と（2）と覚えておいて下さい。

（3）（4）は確定申告が必要です。めんどくさいので、なるべく避けたいところでしょう。また、（1）を選択しても必要であれば、確定申告はできます。

さて、口座の設定が終わったら、あとは買うだけです。

Step1：積立金額を決める

まずは、積立額をえいっと決めてしまいましょう。

本来は、最初に以下を検討しておく必要があります。資産運用の設計です。

- 自分の資産をどのような性格のものにしたいか。
- どのような資産を組み合わせるのか。
- どんな商品を買うべきなのか。
- **自分はどの程度リスクを取れるのか？（↑最も大切）**

しかし、最初の段階でいきなりそこまで考えきるのは、率直に言って難しいと思います。ですので、積立金額をえいっと決めるというのもありだと考えます。私も、古くは会社の持ち株会（40年前！）、20年以上前にネット証券で投資信託で始めたときも、まさにそんな感じでした。

積立額を決めるための3つのアクション

積立額を決めるために最低限必要なアクションは、以下の3つです。

(1) 蓄財余力を作る。

蓄財余力＝収入－支出を確保しましょう。これがないことには始まりません。あたりまえですが、多ければ多いほどお金は貯まります。

収入の15％～20％は欲しいところです。

(2) 生活防衛資金を別に用意する。

いくら投資できるかということを考えるときによく登場する考え方が「生活防衛資金」です。いざというときのための資金や近い将来出費がわかっている資金を、投資の対象から除外して考えるアプローチです。

「学費や自動車購入費用など、直近10年くらいで使いそうなお金」や「失業や大きな病気等、いざというときに必要なお金」がいくらなのかまず把握しておきましょう。こういった目的のお金は、20年、30年先まで売らないことを前提とした長期投資に向いてません。

(3) 蓄財余力のうちリスク資産に回す金額を決める。

たとえば、蓄財余力が月3万円あったとします。この中で、なかったものと思える金額を考えてみてください。それが、おそらく最初の積立てに適した金額です。

リスク資産をどのくらいの割合にするか

というように、最初は、半ば「えいやっ」で積立て金額を決めてもいいわけですが、しばらくして、ある程度の金額になったら、リスクについてもう一段深く考えましょう。

まずは、自分の資産の全体像を把握してください。まず、自分がいくら金融資産を持っているか、全財産の棚卸しです。私もそうでしたが、案外、全財産がいくらか把握できていないものです。

全金融資産が把握できたところで、次にその中で、どのくらいリスク資産（インデックスファンドなど）に回すか考えます。ポイントは金額だけではなく、リスク資産の比率で考えることです。

ついつい、期待リターンの方に目が行ってしまいます。でも、5％の期待リターンが欲しいから、何が何でも期待リターン5％のリスク資産の比率を100％にする、みたいな思考パターンはいただけません。リターンは、自分が取れるリスクに対する結果です。リスクに着眼し、自分がどの程度の価格変動に耐えられるか考えてみてください。

「つみたて投資」をしながら自分を知ろう

「リスク許容度」すなわち「自分はどの程度リスクを取れるのか？」という問題はけっこ

う難題です。

自分自身の危機に対する心の耐性もわかっているようでわかっていません。自信過剰かもしれないし、臆病過ぎるのかもしれない。自分を知るのは、ものすごく難しいのです。

私は、自分のリスク許容度がわかるのに10年くらいかかってしまいました。

かといって考えすぎると、投資を始められなくなってしまいます。というか10年も考えていたら、貴重な時間という資源を失ってしまいます。

その点、私が本書でオススメしている「つみたて投資」は**リスクを少しずつ取れるのがメリット**です。リスク許容度については、**資産の規模が大きくなるまでに少しずつ考えれば良い**のです。

たとえば、先の例で金融資産200万円（全部普通の貯金）だった人が、月3万円蓄財する余力があって、月1万円インデックスファンドを積み立て、月2万円貯金することに

したとします。すると、1年後には、

・普通の貯金200万円↓224万円
・インデックスファンド0円↓12万円

合計236万円。インデックスファンドは、全体の中では、約5%です。それほど増えるわけでもありません。やっているうちに、これでは遅いと思ったらピッチを上げても良いわけです。最初の段階では、「リスク許容度ってこんな風にのんびり考えてもいいんだな」くらいでいいのではないでしょうか。積立てながら、自分を知ればよいのです。**このくらいのんびりした投資の方が長続きしやすい**、というのが私の考えです。

Step2：積立てるファンドを決める

先に結論を書きます。買うべきファンド、それは、

全世界株式型（オール・カントリー）

のファンドです。具体的な商品名では、

- **eMAXIS Slim 全世界株式（オール・カントリー）（三菱UFJ国際投信）**
- **楽天・全世界株式インデックス・ファンド（楽天投信）**
- **SBI・V・全世界株式インデックス・ファンド（SBIアセットマネジメント）**

などです。これらは指数で言うと、「MSCI ACWI Index」あるいは「FTSE Global All Cap Index」に連動しています。

この中では、通称「オルカン」、「eMAXIS Slim 全世界株式（オール・カントリー）」が、資産規模も大きくオススメです。本ファンドは、多くのインデックス投資家の支持を集め、純資産増額が1兆円を超え、国内の全投資信託の中でも、3番目に大きいファンドとなっています（2023年6月現在）。

これ一本でインデックス投資は完成。この商品を買うだけで、全世界の市場に対して、超低コストで投資することができます。以上終了です。

「えー、そんなカンタンでいいの？」「もう少し考えた方がいいんじゃないの？」と思われるかもしれませんが、実はこれ、先達のみなさまが、考えに考えて考え抜いた結果なのです。

インデックス投資には、理論上の「正しい答え」があります。それが、「世界市場ポートフォリオ」。

この「世界市場ポートフォリオ」に連動するのが、上記の全世界株式型（オールカントリー）のファンドです。オールカントリーは、この理論上の最適解を、いともカンタンに実現する「インデックス投資のファイナルアンサー」なのです。

企業や国の時価総額比は常に変わりますが、ファンドは勝手に追従してくれるので、保有者は何も考える必要はありません。投資にそんなに時間を割けない庶民にとって、「最初の一本」であると同時に「最後の一本」になる可能性が極めて高いファンドなのです。

本書では、オールカントリー一本のシンプルなポートフォリオをオススメします。

ただ、そうは言っても、いろいろ組み合わせてみたいと思う方もいらっしゃるでしょう。全世界に投資するために買うべき株価指数は、そんなにあるわけではありません。基本は、次の3つだけです。

①日本株式に連動する指数
②先進国株式に連動する指数
③新興国株式に連動する指数

①～③を組合せた指数もあります。

④全世界株式に連動する指数　①＋②＋③
⑤外国株式に連動する指数　②＋③

これらの指数に連動するインデックスファンドを使って、世界市場ポートフォリオを実現することができます。

実現するための組合せ方は3パターン

基本となる「世界市場ポートフォリオ」ですが、現時点での実現の仕方は3つあります。

（1）全世界株式を1本の投資信託で買う。
（2）日本株式と外国株式の2本の投資信託で買う。
（5%：95%くらいの割合で買う）
（3）日本株式と先進国株式と新興国株式の3本の投資信託で買う。

（5％：85％：10％くらいの割合で買う）

前述のオールカントリーは（1）の方法になります。

実は、（2）と（3）には、ひとつ欠点があります。それは、時価総額比の変化に追従するのがめんどくさいことです。5年前の前著では、日本株の比率は10％に設定していたのですが、今は、5％ほどに低下しています。

実際、オールカントリーが登場するまでは、多くのインデックス投資家は、ちまちま、資産比率を調整していました。

この点、（1）であれば、自動的に調整してくれます。自分で調整するよりはるかにラク。手間もかかりませんし、調整時に生じる売買コスト（多くは税金）の心配も不要です。こんな便利な投資ツールが投資の最初から使えるなんて、筆者は、心の底からみなさんがうらやましいです。

自分好みに修正する

「世界市場ポートフォリオ」はあくまで基本。あとは、好みに合わせてモディファイ（修正）していけば良いと思います。モディファイの考え方の例としては以下のようなものがあります。

- ●時価総額ではなく、GDP比で買う
- ●年金（GPIF）の真似をする
- ●各資産クラスを等額で買う
- ●リスクが最小となる組合せを（必死で考えて）買う
- ●そもそも日本に投資しない

などなどです。

ポートフォリオには正解はありませんが、**ストレスなくずっと続けられる組合せが良い**ということは言えます。

いずれにしても、ある程度資産に対する理解が必要です。投資の勉強をしながら自分自身の投資思想に合わせて、少しずつ考えていきましょう。イチバン悪いのは考えすぎて投資を始められないことですので、はじめはアバウトに始めればよいのではないでしょうか。

Step3：さあ、「積立て」を始めよう！

というわけで、買うインデックスファンドも決まりました。

あなたがしなければいけないのは、ネット証券にログインして、お目当てのインデックスファンドを探し出し、積立ての設定をすることだけです。

第1章でお話ししたように、長期投資でスタートのタイミングは、あまり重要ではありません。長期投資を始めるのは、いつでも「今」！ アレコレ考えて始められないと長期投資のリターンの源泉である時間を失うだけです。

早速、つみたて投資を始めましょう！

第3章

インデックス投資 実践編

本章ではインデックス投資の実践について、もう少しだけ踏み込んでみます。

インデックスファンドを選ぶ7つのポイント

インデックスファンドには、いろいろなものがあります。ウエルスアドバイザー社で検索してみたところ、2023年6月現在、552本ものインデックスファンドがありました。

その中からどうやって選べば良いでしょうか？　というのが、本章、最初のお題です。

その1　つみたて投資枠の対象ファンドから選ぶ

インデックス投資を最大限に活かすにはNISA制度は必須です。

2024年に始まる新しいNISAは、つみたて投資枠と成長投資枠の2つに分かれますが、成長投資枠だけでは1200万円まで。満額の1800万円で生涯投資枠を活用するためには、対象ファンドが限定されているつみたて投資枠が必須となります。つみたて投資枠（現つみたてNISA）の対象商品は、長期投資に適したファンドが設定されていますので、そこから選びましょう。

つみたてNISA対象商品は、2023年6月8日現在、192本でした。まだ多いですね。

その2　単一指数に連動するファンドを選ぶ

インデックスファンドの運用評価のポイントは、連動指数をきちんとトレースできているかどうか。そのためには、そもそも連動する指数（ベンチマーク）が明確でなければなりません。合成指数（運用会社などが複数の指数を独自の割合やルールで組み合わせたもの）のファンドもありますが、ベンチマーク追従の客観的な評価が困難です。MSCIやFTSE、あるいは東証など外部の指数会社が設定している指数に連動するファンドをオススメします。

その3　保有コストで選ぶ

熾烈な競争の結果で、インデックスファンドのコストのレベルは、2つのファンド群に分かれました。

（1）最初に設定した信託報酬のままのファンド
（2）価格競争で信託報酬率が低減したファンド

つみたてNISA制度ができて5年、（1）と（2）の差は大きくなってきました。当然、（2）のファンドを選ぶべきでしょう。

総経費率を目論見書や運用報告書でチェックしよう

「信託報酬」と「その他のコスト」を合わせたトータルの保有コストを総経費率と言います。

総経費率は、決算（多くは1年）ごとに出される「運用報告書」に書いてあります。また、**2024年4月以降は、総経費率を「目論見書」にも記載することになりました。**そこでもコストの確認ができるようになります。

投資信託には、いろいろなコストがかかっています。うっかり高いコストの投資信託を買ってしまわないようにしましょう。

その4 時価総額の推移を見る

そのファンドの規模（純資産総額）が継続的に成長しているかどうかを見ましょう。純資産総額が小さくなってしまうと、「繰上げ償還」してしまう危険性があります。これはインデックスファンドに限らずファンド全般に言える選定の観点です。

また、非常にテクニカルな商品であるインデックスファンドの場合、**純資産総額が大きい商品にはユーザーに選ばれる何らかの合理的な理由があります。**逆に言えば、一見、低コストで好スペックのインデックスファンドなのに純資産総額が小さい場合は、ユーザーにとって何か問題があると思った方がいいでしょう。

その5　運用実績を見る

運用の実績は、「運用報告書」を見るとわかります。

①信託報酬以外にかかっているコストが大きくないか？
②トラッキングエラー（指数との乖離）は大きくないか？
③分配実績はどうか？（複利効果の享受を期待できる長期投資では、分配ナシが良い）

このうち①、②については、「その3　保有コストで選ぶ」で述べたように総経費率をチェックすることでわかります。

これらを知るには、最低でも1期分の運用報告が欲しいところです。初心者の場合は、新規設定されたばかりのファンドは選ばない方が無難です。

その6　トータルリターンで考える（配当込み指数を買う）

株価指数には、「配当込み」のタイプと「配当除く」タイプの2つがありますが、「配当込み」の指数に連動するタイプにしましょう。配当とは、会社が稼いだ利益の一部を、定期的に株主へ還元するものです。

株式のリターン（収益）には、次の2つがあります。

- 株式の市場取引価格の上昇による譲渡益（キャピタルゲイン）
- 株式の配当（分配）による収益（インカムゲイン）

この2つをあわせたものをトータルリターンといいますが、配当込み指数は、このトータルリターンに連動します。

「配当除く」タイプの場合、本来は、配当分のファンド収益を分配しなければなりません。分配金には、約20％課税されます。また複利効果（後述）を得るためには、自分で再投資をしなければいけません。運用効率が悪いのです。

配当の多いファンドや銘柄が優秀というわけではない

ありがちなのですが、配当（分配）が多いファンドが無分配のファンドより優秀だと錯覚してしまうことがあります。特に高齢者はこの罠にはまりやすいです。配当があるファンドもないファンドもトータルリターンは同じです。

実態としては、「配当除く」指数に連動するタイプのインデックスファンドも、分配を保留しているケースが多く、実質、「配当込み」指数に連動してしまってます。ただ、ベンチマークはあくまで、「配当除く」指数なので、「運用報告書」では配当分、成績優秀に見えたりします。しかしこれまた錯覚なのです。

その7 運用会社のインデックスファンドに対する姿勢を見る

社長や役員が、インデックスファンド事業について前向きな発言をしているか、インデックス投資関連のプロモーションをＷｅｂ広告以外にも行っているか、などはチェックポイントです。

優秀なインデックスファンドは低い保有コストが要求され、運用会社の利益とは相反します。このため、運用会社のトップのインデックスファンドに対する姿勢というのが、けっこう大切なんですね。

オススメのインデックスファンド2023 16本をご紹介！

じゃあ、それはどんなファンドなのよ？　ということで、上記条件を加味しながら、いくつかのファンドを連動指数別にチョイスしてみました。全インデックスファンド552本から比べると、ぐっと少なくなっていますので、参考にしてみてください（表3-①）。

表3-① オススメのインデックスファンド2023 16本！

資産クラス	連動指数	ファンド名
全世界株式	MSCI ACWI Index	eMAXIS Slim全世界株式（オール・カントリー）
	FTSE Global All Cap Index	楽天・全世界株式インデックス・ファンド
		SBI・全世界株式インデックス・ファンド
		SBI・V・全世界株式インデックス・ファンド
全世界株式（日本を除く）	MSCI ACWI Index (ex Japan)	eMAXIS Slim全世界株式（除く日本）
先進国株式（日本を除く）	MSCI コクサイ・インデックス	ニッセイ 外国株式インデックスファンド
		eMAXIS Slim先進国株式インデックス
		たわらノーロード先進国株式
新興国株式	MSCI Emerging Markets Index	eMAXIS Slim新興国株式インデックス
	FTSE Emerging Index	SBI・新興国株式インデックス・ファンド
日本株式	TOPIX	三井住友・DCつみたてNISA・日本株インデックスF
		eMAXIS Slim国内株式（TOPIX）
		ニッセイ TOPIXインデックスF
	日経平均株価	eMAXIS Slim国内株式（日経平均）
		ニッセイ 日経平均インデックスファンド
		たわらノーロード日経225

なお、オススメファンドは、今後も変わる可能性があります。全世界株式ファンドは激戦区で本稿を執筆中にも新しいファンドが設定されたり既存のファンドのコストが下がったりしています。私のブログ等、併せて最新の情報を参考にしていただければ、幸いです。

MSCIかFTSEか

全世界株式、新興国株式には、MSCIとFTSE指数の2つがあります。

（1）国内の運用会社がインデックス運用しているファンド：MSCI
（2）海外のETFに投資することでインデックス運用しているファンド：FTSE

どちらの指数が優れているというわけではありませんが、（2）のタイプの国内ファンドは、実態として、海外のETFを買うだけという商品ばかりになっています。このため、以下の弱点を持っていることを頭に入れておいた方が良いでしょう。

●コストの二重構造。国内の運用会社と海外のETF、両方のコストがかかる。現時点では、国内の運用会社の取り分を減らすことでこの弱点を補っている。しかし、もし国内の運用会社が海外ETFなみの低コストを実現するようになってしまうと、どうしても勝てなくなる。

●海外ETFを買い付けるタイミングによって、為替レートや市場価格のぶれの影響を受ける。このため、短期的には、運用成績が実際の指数と連動がむずかしい。

以上から、現時点では、MSCIに連動するタイプのインデックスファンドをオススメします。もちろん、将来、FTSE系のファンドもよりよいアプローチがなされることもあるかもしれません。

米国株式中心に投資する場合に必要なファンド

一方、最近になって、ちょっと違う考え方が台頭してきています。それは、米国が資本

表3-② オススメのインデックスファンド2023（米国株版）

資産クラス	連動指数	ファンド名
米国株式	S&P500	eMAXIS Slim 米国株式（S&P500）
		SBI・V・S&P500インデックス・ファンド
	CRSP U.S. Total Market Index	楽天・全米株式インデックス・ファンド
		SBI・V・全米株式インデックス・ファンド
全世界株式（米国を除く）	FTSE Global All Cap Index（ex US）	楽天・全世界株式（除く米国）インデックス・ファンド

主義社会で最強だという考え方に基づき「米国株だけを買う」あるいは「米国株を多めに買う」というアプローチです。

このために必要なファンドもチョイスしてみました（表3-②）。

「全世界株式（米国を除く）」も表には加えておきました。米国株式しか保有していない投資家が、後になって、世界にも分散しようと考える場合に重宝するファンドです。

米国株式投資は正解なのか？

ところで、私自身は、米国株式だけに投資するという方法論については前向きではありません。あくまで、全世界に分散すべきと考えています。

表3-③　株式のリスクはどの資産クラスも同程度

ファンド名	標準偏差（3年）
eMAXIS Slim米国株式（S&P500）	16.14
eMAXIS Slim国内株式（日経平均）	15.73
eMAXIS Slim先進国株式インデックス	15.68
eMAXIS Slim全世界株式（除く日本）	14.69
eMAXIS Slim新興国株式インデックス	14.45
eMAXIS Slim全世界株式（オール・カントリー）	14.41
eMAXIS Slim国内株式（TOPIX）	13.49

ウエルスアドバイザー社 2023年5月末 筆者調べ

株価の理論では、それぞれの資産クラスは、リスクに見合った期待リターンを持っています（これをリスクプレミアムといいます）。一時的には、リターンには差ができますが、長い時間の先では、それぞれの資産クラスは、**そのリスクに見合った「本来の期待リターン」めがけて収束していきます。**

たとえば、eMAXIS Slim シリーズの株式クラスのリスク（標準偏差〈3年〉）を見てみましょう（表3-③）。

若干、TOPIXが小さくなっていますが、どの株式クラスもリスクは同程度です。リスクプレミアムの原則を信じるなら、期待リターンも同程度ではないかということが考えられます。

であれば、多少なりとも値動きの違う資産クラスを組み合わせて分散させる方が良い選択ではないでしょうか。

また、米国株オンリーは、ドル集中という状態を生じます。全世界への通貨分散という目線も持っておくべきでしょう。この点、為替ヘッジのない全世界株式であれば、自動的に通貨が世界分散されます。

分散とは、昨日ダメだった資産クラスが今日もダメとは限らない、今日、調子の良い資産クラスが明日も調子良いとは限らない、ということに尽きます。

なお、標準偏差、期待リターンについては、第4章で取り上げます。

東証ETFを外国株式に使う場合は注意が必要

インデックス投資をする手段として、ＥＴＦがあります。ＥＴＦとは、証券取引所に上場し、株価指数などのインデックスに連動する金融商品です。

●市場で株式と同様の取引ができる。
●分配金（株式の配当と同じ）が出る。
●低コストである（インデックスファンドよりも保有コストが低いものもある）。

などの特徴があります。なかなか魅力的で有用なツールですが、デメリットもあります。

●資産形成期においては、分配金を自分で再投資する必要がある。
●基準価額（指数）と実際に取引されている市場価格に乖離が生じる。

図3-① ETFは指数と市場価格の乖離が生じがち

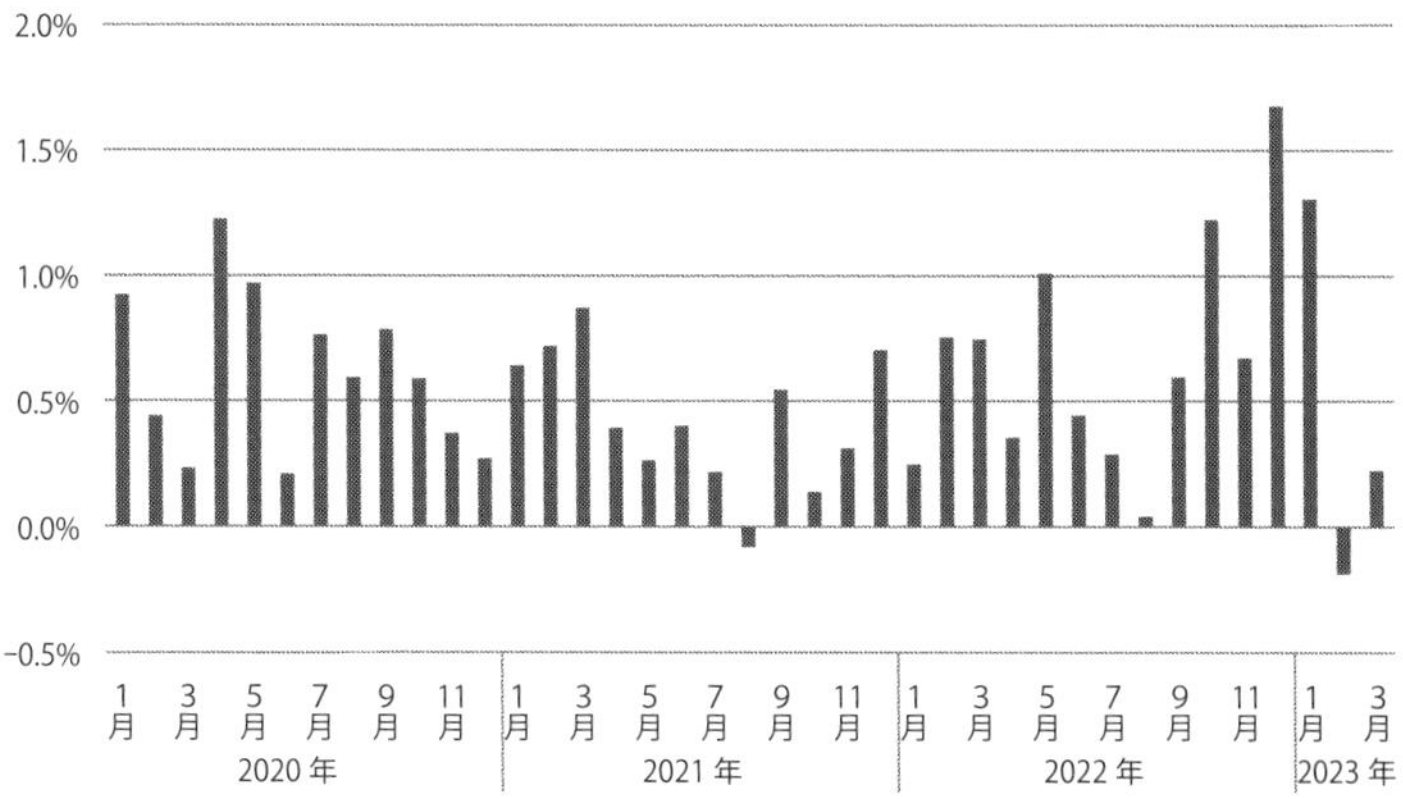

前者は、少々手間がかかるもののその作業をしてしまえばいいことです。日本株式に投資する場合も同じです。分配金が保有のモチベーションになる人もいますから、一概に否定できません。

問題は後者。日本株式の指数に追従するＥＴＦの場合は大きな乖離はないのですが、海外株式の指数に追従するＥＴＦにおいては、乖離が大きくなる傾向があるのです。

たとえば、ＥＴＦ版オールカントリー（銘柄コード：２５５９）の基準価額との乖離（月平均）の推移を見てみましょう（図３-①）。

ご覧のように、全体に上方乖離しています。これは月平均ですが、日によっては、３％近く上方乖離してしまうこともありました。つまり、その分だけ、実際の価値より市場の取引価格が割高になっているということを意味しています。

思ったよりも安く買ったり、高く売れたりすることもあるわけですから、これを利点と考える人もいれば、安心して買えないなあ、と思う人もいるでしょう。

日本では、海外株式に連動するタイプのＥＴＦの取引規模が小さく、そもそも売買が成立しないこともありました。このため、東証は、ＥＴＦの流動性を向上させるために、２０１８年7月2日に、ＥＴＦ市場におけるマーケットメイク制度を導入しました。

銘柄ごとに指定されたマーケットメイカーが、気配提示義務を履行し（理論的な価格を狙った売買注文を出す）、対象のＥＴＦが、公正かつ適正な価格で取引できるようにしよう、というものです。

この制度は、一定の効果は上げてはいます。しかし、**乖離問題は未だ解決されていないのが現実です。**

単に資産形成のツールとして使うのであれば、こういった心配をしなくてもすむ通常のインデックスファンドの活用をオススメします。

2024年から始まる新しいNISA

第2章でお話ししましたように、2024年から国の少額投資非課税制度であるNISAが大幅に拡充されます。新しいNISAはとてもわかりやすくなりました。改正内容と絡めて、制度の特徴や使い方をさくっと頭に入れておきましょう（表3-④）。

表3-④ 2024年から始まる新しいNISA

（2024年1月から適用）

	つみたて投資枠	併用可 成長投資枠
年間投資枠	120万円	240万円
非課税（注1）保有期間	無期限化	無期限化
非課税（注2）保有限度額（総枠）	1,800万円 ※簿価残高方式で管理（枠の再利用が可能）	
		1,200万円（内数）
口座開設期間	恒久化	恒久化
投資対象商品	積立・分散投資に適した一定の投資信託 （現行のつみたてNISA対象商品と同様）	上場株式・投資信託等（注3） （①整理・監理銘柄②信託期間20年未満、高レバレッジ型及び毎月分配型の投資信託等を除外）
対象年齢	18歳以上	18歳以上
現行制度との関係	2023年末までに現行の一般NISA及びつみたてNISA制度において投資した商品は、新しい制度の外枠で、現行制度における非課税措置を適用 ※現行制度から新しい制度へのロールオーバーは不可	

（注1）非課税保有期間の無期限化に伴い、現行のつみたてNISAと同様、定期的に利用者の住所等を確認し、制度の適正な運用を担保

（注2）利用者それぞれの非課税保有限度額については、金融機関から一定のクラウドを利用して提供された情報を国税庁において管理

（注3）金融機関による「成長投資枠」を使った回転売買への勧誘行為に対し、金融庁が監督指針を改正し、法令に基づき監督及びモニタリングを実施

（注4）2023年末までにジュニアNISAにおいて投資した商品は、5年間の非課税期間が終了しても、所定の手続きを経ることで、18歳になるまでは非課税措置が受けられることとなっているが、今回、その手続きを省略することとし、利用者の利便性向上を手当て

出典：金融庁のNISA特設サイトより

死ぬまで使える！制度が恒久化し、非課税保有期間が無期限化

これまでの非課税期間は、つみたてNISAが20年。一般NISAがたったの5年。20年、30年という長期投資の標準的な期間から考えると、不十分な非課税期間でした。長めに設定されたつみたてNISAですら、30歳から始めて50歳でいったん終了。人生100年時代と言いながら、これでは、元気が出ませんよね。

でも、新しいNISAは、死ぬまで使えるようになりました。国民の資産形成を支援する意味で本来あるべき姿になったと言えるでしょう。

あなたも富裕層！ つみたてNISAと一般NISAが統合し生涯投資枠が1800万円に！

これまでは、つみたてNISA枠（800万円）、一般NISA（600万円）の二択でしたが、2024年以降は、両者が統合され、生涯の非課税投資枠が買付ベースで1800万円になります。

1800万円の威力を、いくつかの例で試算してみます。

例1：月5万円、30年間、合計1800万円を投資した場合

運用利率	資産額
3％	2914万円
4％	3470万円

5％	4161万円
6％	5023万円

月5万円を30年にわたって捻出し続けるのはそれなりに大変ですが、苦労のし甲斐があるかも、と思える非課税投資枠金額になったのではないでしょうか。

例2：月30万円、5年間、合計1800万円投資。以後、30年放置した場合

運用利率	資産額
3％	4707万円
4％	6451万円
5％	8818万円
6％	1億2022万円

あくまで試算結果ですが、なんと、**NISAだけで1億円突破。**

図3-② あなたも富裕層になれる…かもしれない

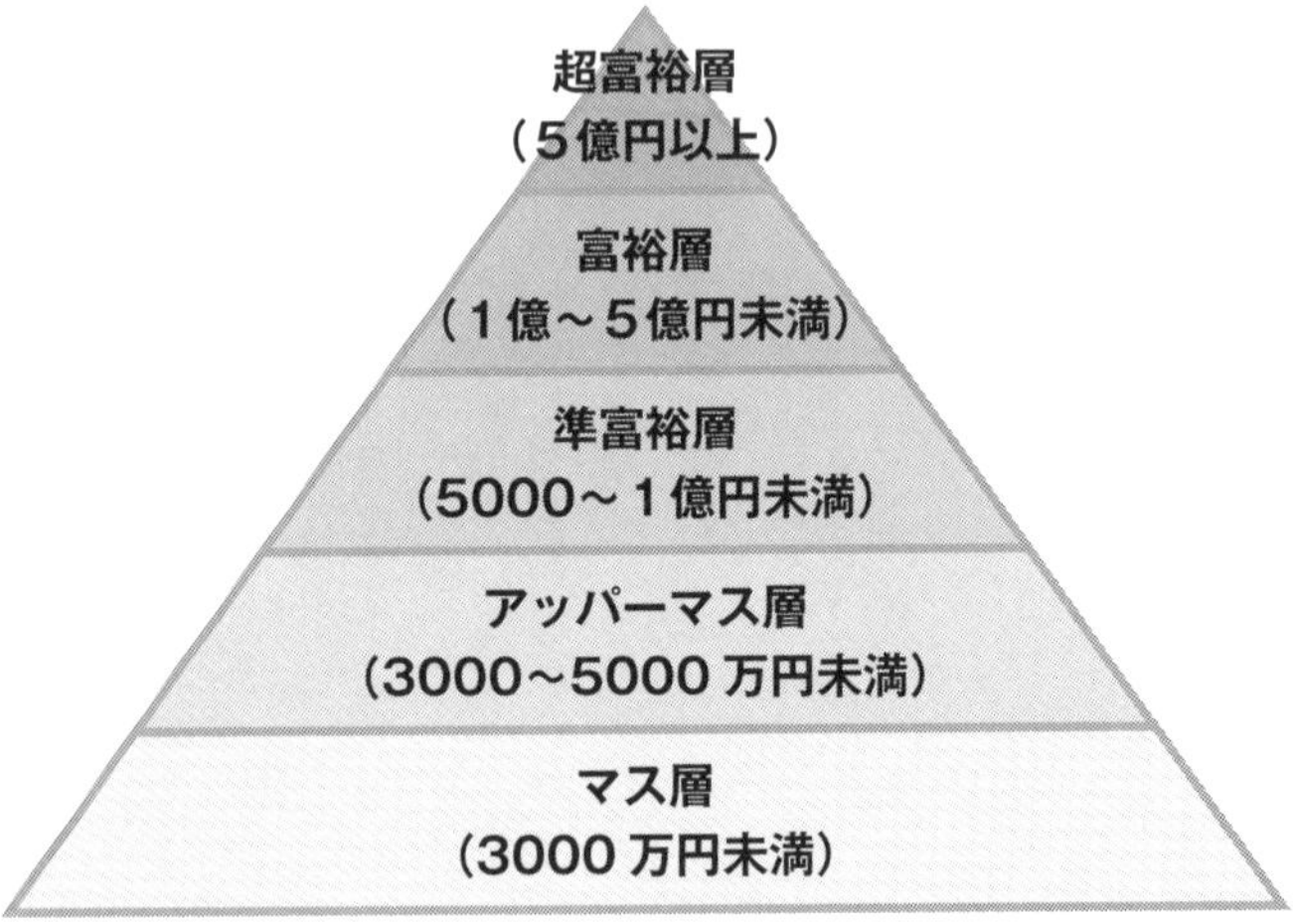

この制度は、マス層（金融資産3000万円未満）の方が、長期投資を通じてお金持ちにのし上がるためのドライバーです。この結果、アッパーマス層（3000～5000万円未満）、準富裕層（5000万円～1億円未満）が増えれば、国民はもとより国も豊かになります。

資産運用は、少子高齢化の進む日本にとって数少なくなった成長の目なのです。だからこそ、この大盤振る舞いの制度ができたと言っても過言ではありません。

今後もインフレなどで国内の経済情勢が

変われば、生涯投資枠等の金額はより大きくなるような変更がなされることもあり得るでしょう。

出遅れ組もキャッチアップできる！ 年間投資枠も最大360万円／年に拡大

つみたてNISA枠で年120万円（たとえば月10万円×12ヶ月）。成長投資枠は、年240万円使えます。合わせて、年360万円まで買い付けることができます。

新しいNISAについて、金融庁で筆者が説明を受けたとき、金融庁の担当官の方は、成長投資枠を「キャッチアップ枠」という表現をしていました。つみたてNISAでは、800万円の投資枠を使い切るのに20年必要だったのですが、新しいNISAになると、5年でNISAの総枠である生涯投資枠1800万円を使い切ることができます。これは、投資のスタートが遅くなってしまった世代にとっても朗報です。

対象商品は長期投資指向に。「成長投資枠」は、従来の一般NISAよりぐっと絞られる

統合されたと言っても、「つみたて投資枠」と「成長投資枠」の2つをひとつの口座にビルトインしたイメージです。それぞれ対象となる投資先が異なります。

「つみたて投資枠」は、従来のつみたてNISAと同じです。

一方、「成長投資枠」は、従来の一般NISAの後継ですが、一般NISAよりも、投資対象商品がぐっと絞られます。

除外されるのは、「長期投資」現時点で向いていないと考えられるもので以下の4つです。

①整理・監理銘柄

潰れるかもしれない、あるいはもう確定している会社が長期保有に向いていないのは言うまでもありません。

②信託期間20年未満の投信

長期投資を標榜している以上、当然、20年で運用が終わってしまう投資信託は対象外なのですが、別の意味があります。それは、テーマ型投信を排除すること。テーマ型投信とは、たとえば「地球環境」とか「ITサービス」とか「自動運転」などなどのテーマを決めて、それに合致するような銘柄に投資するものです。しかし、長期にわたって有効なテーマというのは存在しないため、長期投資には向いていません。このため、そもそも信託期間が20年以内に設定されている投信が多いのです。

③高レバレッジ型投信

レバレッジとは、借り入れを利用することで運用益を上げようとする運用手法ですが、長期投資には少々不向きな投資先です。長期投資はリスクとの戦い。借金までしてわざわざリスクを上げる運用は適していません。

④毎月分配型投信

資産形成は、分配金を再投資して複利効果を得ることが望まれます。一方、毎月分配型投信は、文字通り毎月資産から分配してしまう投信です。このため、長期投資には不適切と判断された模様です。

これらのファンド（②〜④）は、ご多分に漏れず、コストがちょっぴりお高めです。金融庁としては、高コストの投信を一網打尽で対象外にしたかったのではないか、というのが筆者の私見。しかし、そこまでドラスティックにやると業界から大反発を受けて、NISA拡充そのものがうまく行かなくなった可能性もあります。そういう意味でも、よく考えられた選定基準だと思います。

売っても使える！ 生涯投資枠は再利用可能

1800万円の生涯投資枠ですが、何らかの理由でNISA口座のリスク資産を売却した場合、枠が翌年復活するようになりました。以前は売ってしまうと、せっかくの非課税枠がパーになっていましたが、これからは心配ありません。お金が必要になったり、後述するリバランスでも活躍しそうな、うれしい変更です。

復活するのは、あくまで**簿価（買付け額＝元本分）**です。

たとえば、トータル100万円で買い付けた資産が125万円になったとします。このケース、

●利益＝125万円－100万円＝25万円
●全体に占める利益の割合＝25万円÷125万円で20％。
●元本比率＝1－20％＝80％

となります。上記の状態の投信を80万円分売った場合、80万円×80％＝64万円分の生涯投資枠が復活します。売却金額80万円が復活するわけではありません。

投信の買付額は、実際は、10万円＋30万円＋月5万円×12ヶ月なのかもしれませんが、

そこはいちいち見ないで、全体をまるっと計算します。その辺は、証券会社が正しく計算してくれるので、何も考える必要はありません。

つみたて投資枠だけでも1800万円可能

つみたて投資枠だけで1800万円の生涯投資枠を使えます。つみたて投資枠は、年間120万円ですが、15年積立て続ければ、1800万円使い切れます。

一方、成長投資枠は、年240万円まで投資は可能ですが、1200万円までしか投資できません。

両者の併用ももちろん可能です。

成長投資枠も買う商品は一緒で良い

新しいNISAの生涯投資枠は1800万円。うち1200万円は成長投資枠として使えます。成長投資枠では、いろいろな種類の投資商品を購入できます。しかし、インデックス投資家のみなさんは、迷う必要はまるでありません。

つみたて投資枠で買った商品と同じ商品を、同じリスク資産比率になるように買ってください。もし、あなたが、本書で推奨する「全世界株式クラスの投信」一本に絞ることに賛同されるのであれば、買う商品は**どこまで行っても一本**です。

生涯投資枠は、できるだけ早く埋めるのが原則

長期投資のリターンは、時間×投資額。時間が経つほど増える確率が上がります。早く投資するほど、節税できる金額の期待値は大きくなります。なので、原則は、

- できうる限り早く非課税生涯投資枠1800万円を埋める
- 夫婦の場合は、3600万円を視野におく

です。

まずは、新規の投資資金で埋める

これが基本です。単純計算では、月5万円×30年＝1800万円となりますが、そんなにきっちり考える必要はありません。たとえば、

- **まずは、月1万円で始める**
- **その後、状況に合わせて増額（減額）する**
- **臨時収入など余裕があるときには、成長投資枠をスポット買いで活用する**
- **最後は退職金で1800万円コンプリート**

というシナリオだってありです。

制度の恒久化、非課税保有期間の無期限化によって、一人ひとりの事情にあった投資ができるようになりました。

積立て金額は、無理は禁物

非課税枠の有効活用としては1800万円をなるべく早く使うのが原則ではありますが、何が何でも使えというわけではありません。

つみたてNISAでは、年40万円という12で割り切れない投資枠だったため、月3万3333円という中途はんぱな積立金額を設定する人も多かったように思います。本当は、月々3万円がいいとこなんだけど、無理してそこまで持っていったなんて方もいらっしゃるのではないでしょうか。

重要なのは、今の自分がどれだけリスクを取れるのか、どのくらいのリスクだったら継続可能か？　です。

身の丈に合った積立て金額にすることをオススメします。

2023年までのNISAはどう活用する?

新NISAは、現行NISAとは、別の建て付けで作られる制度です。新NISAと現行NISAは、経過措置として併行して運用することができます。つまり、現行NISAを使っていた人は、その分、非課税枠を拡張できることになり、おトクです。早くからNISA制度を活用していた方への金融庁からのプレゼント。うまく活用しましょう。

現行NISAの非課税期間が終了した時点で、保有証券は、特定口座に利益ゼロの状態(つまり非課税)で払い出され、ボーナスタイムは終了です。なので、非課税期間が長い(20年)つみたてNISAの方が、非課税期間が短い(5年)一般NISAよりも有利になります。

せっかくのボーナスなので、従来のNISAの資産は、非課税期間の終了を待った方が良いでしょう。

ただし、非課税期間の残りが少なくなった時点で、新NISAへの投下資金が不足している場合は、相場の状況も見ながら売却して、乗り換えてもいいかもしれません。この辺は臨機応変です。

特定口座の証券を売却して新NISAで買う

悩ましいのが、すでに保有している特定口座のファンドをどうするか？

結論を先に書くと**「若い人は乗り換えるべし」**です。

考えるポイントは、2つあります。

その1　預け替え後の利益がプラスになるか？

新しいNISAに預け替えたあと、**利益がプラスになれば、預け替えた方がおトク**です。

ここが預け替えの勝敗ラインです。

利益が出ている特定口座の証券をいったん売ると譲渡益税分目減りし、損をした気分になります。しかし、これは錯覚。いずれ支払う運命にある税金です。今払うか、将来払うか。**預け替え後、その資産が値上がりすれば、その分は非課税になるので今払った方がおトク**になります。

利益がプラスになる可能性を考える上でのポイントは、２つあります。

ひとつは「時間」。名目リターンがプラスになる確率が充分に高くなるのが20年とするなら、20年後に使う可能性のあるお金が対象となるでしょう。

もうひとつは「保有コストの差」です。たとえば、保有コストが年１％のファンドを、保有コスト０・１％のファンドに乗り換えた場合、年当たり０・９％リターンが確実に上昇します。証券そのもののリターンは不確実ですが、コストは確実です。今となっては割高の古いインデックスファンドを乗り換える良い機会かもしれません。

その2　将来の税率が上がるか？

現在の譲渡益課税率は、20％（復行特別所得税を含めると20・315％）。これが将来、例えば30％になるかもしれません。これは増税。であれば、今のうちに税金を支払った方がおトクという考え方もあります。

一方、譲渡益課税が総合課税化されると、その時の所得で税率が変わります。収入が少ない人の場合は減税になります。つまり、焦って乗り換えない方がいい、となります。

ただ、未来の税制がどうなるかはわかりません。

そんな考え方があるのだなくらいに留めておいて下さい。

50代くらいの人までは乗り換えた方がよさそう。60代は微妙

20～30年くらいの運用を見込める50代くらいまでの人は、もし、新規資金で枠を埋め尽くせないなら、特定口座の証券を新NISAの口座に預け替えた方がよさそうです。60代以

上は、個別事情が大きく微妙です。

一律にこうすべきと言えませんので、今60代前半の私がどう考えているかをご参考に紹介します（オルカンというのは「eMAXIS Slim 全世界株式〈オール・カントリー〉」のことです）。

〈資金投入の方針〉

●つみたて投資枠：毎月10万円オルカンを買う。

●成長投資枠：年初一気に２４０万円オルカンを買う。

●**できうる限り早く生涯投資枠を使い切る。**

〈買い付け資金の調達〉

●特定口座の投信を売って調達。

●現行の一般 NISA 分は場合によって非課税期間が終了する前に売って調達。

●リスク資産比率が低下しているときは、ポートフォリオ上の無リスク資産を割り当てる

（＝リバランス）。

●つみたてNISA分は売らないで残す。

〈リスク資産の取り崩し（資産を生活費などに割当てるための売却）〉

●なくなるまで特定口座のファンドを取り崩す。

●特定口座分がなくなったら新しいNISA分のファンドを取り崩す。

〈2023年までのNISA〉

私はこれまで、一般NISAを使ってきましたが、2023年はつみたてNISAにしました。つみたてNISAの方が寿命が長いからです。

特定口座からの乗り換え時に留意すべき点

特定口座あるいは従来のNISAの手持ちの資産を、新NISAへ乗り換えるときに留意しておくべきは、次の2点です。

①成長投資枠分は、できうる限り、一括で乗り換える

長期投資の原則からできるだけ早く非課税を利用すべきです。

②買うと売るを同じ日にする

「相場が良いときに売っておき、安くなったら買う」とやりたくなる人もいらっしゃるかもしれません。そんなうまいことはできません。ここは、単純な切り替えであると割り切り、買うと売るを同時にしましょう。

このためには、買う分の預入金が口座に必要です。成長投資枠240万円を一気に乗り換える場合は、240万円分の買付け資金を用意しましょう。もし、それだけの資金がない場合は、複数回に分けて、「同時に買う」を実現します。たとえば、120万円分×2回。少々面倒ですが、口座の状況を見ながら、なるべく短期間に実行してしまいましょう。

バランスファンドを選択してもいい人？

これまでのNISA口座でバランスファンドを買う意味は少ないと考えていました。非課税になる金額を増やすためには、期待リターンが低めのバランスファンドではなく、期待リターンの高い株式クラスのファンドに集中すべきです。

しかし、新NISAでは、生涯投資枠が1800万円にまで拡張され、しかも5年で満額使えるようになりました。1800万円はけっこうな金額ですから、ご自身のリスク許容度、生涯を通じた蓄財余力から考えて、全部使い切ることはないだろうという方もいらっしゃるでしょう。そういう方の場合は、債券クラスが組み込まれているバランスファンドを活用しリスク管理を簡単にする方法もあります。

ただ、バランスファンドは、投資の知識が高まってあとになって「やーめた」とすると、ポートフォリオの管理がめんどくさくなるかもしれない、という難点があります。

バランスファンドは、

●生涯かけても、NISA の生涯投資枠分全て株式に投資するリスク許容度&蓄財余力がない。
●一生、そのバランスファンドだけで行ける自信がある。

という人に向いています。バランスファンドは、初心者というより、酸いも甘いもかみ分けたオトナに向いた投資法なのです。

新しいNISAを機にNISA口座を変更できる?

現在の証券会社に何らかの不満があって変更したいと考えている場合、新しい NISA に合わせて、心機一転、証券会社を変更してみるのも手です。

「証券会社を変えたいんだけど、NISA がネックなんだよね……」と思っている方もいらっしゃるかもしれませんが、それは誤解。NISA 口座は、元々、年単位で証券会社の変更が可能です。

新NISAで50歳から長期投資を始める場合の2つの留意点

新 NISA は、年360万円の投資が可能になり、5年で満額の1800万円を使い切ることができるようになります。これまで投資をしてこなかった50歳代の方には朗報です。20代30代に比べて、長期投資の期間が限られる分をリカバーすることができるからです。

ただ、非課税制度というのは、税金がかからないというだけで、証券そのもののリスクを低減したり、リターンを増やしてくれるわけではありません。留意すべきは次の2点です。

●長期投資をするには人生の残り時間がちょっと短い。

●これまでリスクをとって来なかった人は、リスク許容度が低いかもしれない。

長期投資がプラスになるための期間は、固く見ると、名目で20年、インフレ負けのない実質で30年かかります。10年程度で見れば、マイナスもあり得ます。

この課題のコントロールは、ひとえに適切なリスク資産の金額にすること。50歳代以上の方は、この量を身体で覚えるための時間が不足しています。なので、筆者としては、試行錯誤することなく、最初からシンプルなインデックス投資、しかるべきリスク資産比率で投資するというアプローチをオススメしたい。ファイナンシャルプランナーに相談するなども勘案いただくといいかもしれません。

新NISA よくある質問

金融庁のサイトには、「よくある質問」が掲載されています。私の説明と多少重複するところもありますが、引用しますので、参考にしてみてください。

https://www.fsa.go.jp/policy/nisa2/about/nisa2024/index.html

確定拠出年金とは、「じぶん退職金」

本書は、インデックス投資の方法がメインテーマですが、確定拠出年金制度（DC制度）についても、少しふれておきます。

DC制度は、ひと言で言うと「じぶん退職金（年金）」。個人が、自分で退職金を積立て、自分の責任で運用するための制度で、企業の退職金（年金）制度など、従来の確定給付型年金制度（DB）に代わるものとして導入されました。

DB制度は、会社によって異なりますが、基本は、「本来支払うべき給与の一部を企業が積立てておく」システムです。退職金をボーナス、ご褒美と受け止めている人はけっこういますが、本来もらうはずだった給料を繰り延べて、その分、節税できる制度です。

DC制度も、もらえる給料を繰り延べてその分節税できるという点は同じです。違いは、運用です。DB制度は確定給付の名の通り、市中金利より高めの運用利率を企業が保証してきました。しかし、経営環境の変化でそれがむずかしくなってきたので「これからは自分で運用してね」というのがDC制度なのです。

退職金弱者を救済する制度としてのiDeCo

ＤＣ制度のポイントは、以下の３つのメリットを享受できることにあります。

●掛け金が、所得控除される。
●運用益は非課税。ただし運用は自己責任。
●退職金、企業年金と同様に退職所得控除、公的年金控除が受けられる。

退職金制度や企業年金制度が弱い中小企業にお勤めの方、年金制度自体がないフリーランスや自営業の方は、そもそもこれらの節税メリットを受けることができていませんでした。これは不公平です。

あくまで自己責任ではありますが、ＤＣ制度は、そんな不公平を是正し、退職金（企業年金）弱者の方を救済する制度なのです。「個人型確定拠出年金」（Individual Defined

表3-⑤ iDeCoとNISAの比較

比較項目		iDeCo	NISA
対象年齢		20歳～65歳	20歳～生涯
年間拠出可能額		14.4万～81.6万円(職業や加入している制度により異なる)	最大360万円 ・つみたて投資枠120万円 ・成長投資枠240万円
累計拠出額		上限なし(上記×加入年数)	1800万円(売却後、枠が復活する制度あり)
非課税期間		～75歳まで	無期限
税金メリット	所得税	掛け金が全額所得控除	―
	運用益	非課税	非課税
	退職所得控除	可能	―
	公的年金控除	可能	―
途中引き出し		60歳まで原則不可	いつでも可能
口座管理手数料		国民年金基金連合会・運営管理手数料(無料の機関もある)・信託銀行	なし
投資対象商品		加入した口座の指定商品	株式・投資信託・ETF・REIT

Contribution Pension) ＝ iDeCoは、そういった方々のための必須ツール。使わない手はありません。

以上のように、ＤＣ制度は、非課税制度でありますが、NISAとは非課税にしている目的が違います。iDeCo（個人型確定拠出年金）とNISAを比較した表をまとめておきます（表3－⑤）。

活用の優先順位の原則は、

- ●まずは所得税が節税できるＤＣ制度を利用する。
- ●余裕資金でNISAを利用する。

です。

しかし、ＤＣ制度には、いくつか問題もあります。

（1）加入した口座の指定商品のコストが高い。

自分で選べるiDeCoではなく、企業型ＤＣ制度に加入した（せざるを得ない）場合に起きがちな問題です。地道に会社に提案するしかありません。

（2）手数料がかかる。

iDeCoで運営管理手数料が無料の機関を選んだとしても、年２０００円程度の手数料がかかります。これは、ＤＣ口座の残高を増やして、影響を小さくするしかありません。

（3）60歳まで引き落とせない。

おそらく、一番、悩ましい問題がこれです。なけなしのお金を投ずる立場からするとハードルは高い。老後資金だったら新NISAだけでも金額的に充分なのだから、iDeCoは不要だとする考え方を持つ方もいらっしゃるかもしれません。

（4）キャッチアップ枠はなく、始めるのが遅いと積み上がらない。

これは、正直改善して欲しい。

ですが、所得税控除の機会を捨ててしまうのはもったいないです。原則としては、iDeCo の活用をすることをオススメします。

確定拠出年金(DC)の資産運用方法

DCとNISAで運用方法は変わりません。ひたすらインデックスファンドで世界分散投資をしましょう。

しかし、DCには、NISAにはないメリットがあります。スイッチングが非課税で行えるのです。そういう意味でも、DCは大いに活用したいところです。

DC口座とその他の口座は一括で管理する

資産配分は、全財産で管理しましょう。全体としてリスクをどれだけ取っているかを把握するためです。

第4章

ド素人でも
お金が育つ
運用のツボ

さて、ここまでの章では、インデックス投資とは何か？　インデックス投資はどうやってやればよいか、長期投資はなるべく早く始めた方が良い、という話をしてきました。しかし、「インデックス投資はカンタンすぎる。それで儲かるなんておかしい。そんなうまい話があるはずがない」とお考えの方もいらっしゃると思います。

インデックス投資は、万能の投資法ではありません。個別株投資やＦＸに比べると、リスクが小さめであったりはするもののリスク資産の運用であることには変わりはありません。必ず、狙った期間にお金が自動的に増えていくことを保証する方法ではないのです。また、インデックス投資の期待リターンは、５％程度。一夜で大金持ちになれる投資法でもありません。

投資に時間をかけないことで好循環が生まれる

なぜインデックス投資でお金が育つのか？　その理由をここでまとめておきましょう。

（1）本業の稼ぎに集中できるから。
（2）株式のプラスサム属性（自己増殖性）を利用するから。
（3）複利効果により、お金の増えるスピードが加速するから。

この3点です。

（2）と（3）は、インデックス投資に限らず、バイアンドホールド（買い持ち）と呼ばれる、ただ買って持ち続けるだけという投資手法の場合に共通する特徴です。

インデックス投資と他の株式投資手法のもっとも大きな違いは（1）です。

お金が育つ理由① 本業の稼ぎに集中できるから

インデックス投資は、これまでお話ししてきたように、投資のオペレーション自体にはほとんど時間はかかりません。このため、**空いた時間を労働そのものや労働価値を高める**

時間に回せるのです。

この結果、蓄財や生活品質向上に回せるお金が増えます。蓄財に回せるお金が増えれば、資産運用にも好影響を与えます。ここが、インデックス投資のメリットの核心部分です。

空いた時間は、「仕事をがんばって給料を増やす（昇級する、より待遇のいい会社に転職する）」とか「副業（複業）で稼ぐ」等の活動に充てることができます。

特に副業は、自身のリタイア後（早期ではなく普通の定年であっても）を探る上でも、有益です。単に副収入を得るというのではなく、リタイア後を見据えて、自身の本来の天職みたいなものであれば、ベストです。

会社の規則で副業（兼業）はＮＧの場合もあるでしょう。私もそうでした。振り返ってみて「もう少しやりようはあったのかな」とちょっぴり後悔しています。たとえば、趣味でやっていることをそこで終わらせず、「教える」というスタンスを持つみたいにしとけば良かったな、とか。

……ちょっと横道にそれましたが、手間いらずのインデックス投資は、大事にすべき「自分自身の価値」を高める効果があるのです。

お金が育つ理由② 株式は勝手に成長するから

個人にとっての株式投資において重要なのは、株式会社の価値自体が時間とともに知らぬ間に増大していくことです。何度かお話しした、プラスサムゲームです。

株式企業の利益が増えるから株式資産は育つ

株式会社の価値とは、一体なんなんでしょうか？　私がしっくりきている学説は、**「その株式会社が将来にわたって生み出す利益を、現在の価値に置き換えたもの」**であるという考え方です。利益が増えていくから、株式資産は育つのですね。

会社とはそもそも利益を上げなければ永続できません。利益とは、売上－仕入れ。売れれば当然儲かります。もし、インフレで仕入れが値上がりしても、コストを削減するなり、売上を増やすなりで、インフレにすら打ち勝とうとします。儲かったお金は、株主に還元されると同時に次の商売の元手にもなります。その結果、さらに利益は増大します。

とまあ、こんな調子。

もし、これが、1社だけであれば、勝つ会社と負ける会社に分かれるでしょう。しかし、たくさんの会社だったらどうでしょうか？　市場全体として、利益が増えるのであれば、企業の価値は全体として大きくなっていくはずです。

本書では、何度か長期の株式の推移を見てきましたが、もう一度見てみましょう（図4－①）。グラフは、ニュースなどでおなじみのニューヨークダウという米国株価指数の1928年～2023年の推移です。縦軸は、対数になっています。一目盛り10倍です。

図4-① NYダウはこの90年で800倍近く成長した(1928～2023)

二目盛りだと100倍。1929年の大恐慌で大きくダウ平均は下がり、1932年には40ドル台になっちゃうのですが、今や3万3000ドルを超えてます。その底から数えると90年近い歳月の間に、ざっくり800倍近く成長しています。

時に長らく低迷することもありましたが（たとえばベトナム戦争のころの1970年代）、その後、復活。21世紀になって2000年代に低迷するも、また復活。あんなに騒いだリーマン・ショックも歴史の1ページと化しています。直近で言うとチャイナショック（2015）、コロナショック（2020）なんて、どこよ？　って感じです。

より良い暮らしを願う気持ちが株価を上昇させてきた

人間には、石器時代から続いているのであろう「より良い暮らしをしたい」という成長意欲があります。この成長意欲と、「儲けたい」「勝ちたい」としゃかりきになって行動する資本主義（競争原理）は、非常に相性が良かったと、私は考えます。この結果、より良い暮らしを実現する企業の活動は永続的に続き、利益が増えていくことで、株価は上昇し続けてきたのではないでしょうか。

お金が育つ理由③　複利の力を利用するから

利率は2つあります。ひとつは単利、もうひとつは複利です。

単利とは期ごとに利子を出して、そして元本はそのまま。利子が出るたびに税金も払います。一方の複利の場合は、利子を次の期の元本に組み入れます。雪だるま式に増えていくイメージですね。

複利には2つのパターンがあって、ひとつは毎年税金を払って再投資するケース。もうひとつは、内部に利子を留保しておき（税の繰り延べと言います）、最後に換金するときにまとめて税金を払うケースです。

たとえば、元本、1万円のお金を利回り3％（税率20％）で30年間、預けた場合で比較したのが次ページの図です（図4-②）。

単利が直線的に増えていくのに対して、複利の場合、加速度的に上昇していきます。

●単利より複利の方が資産は成長する。
●時間が経てば経つほど、その差は広がる。
●非課税だともっとすごい。

図4-② 複利効果は時間とともに加速度的に大きくなる

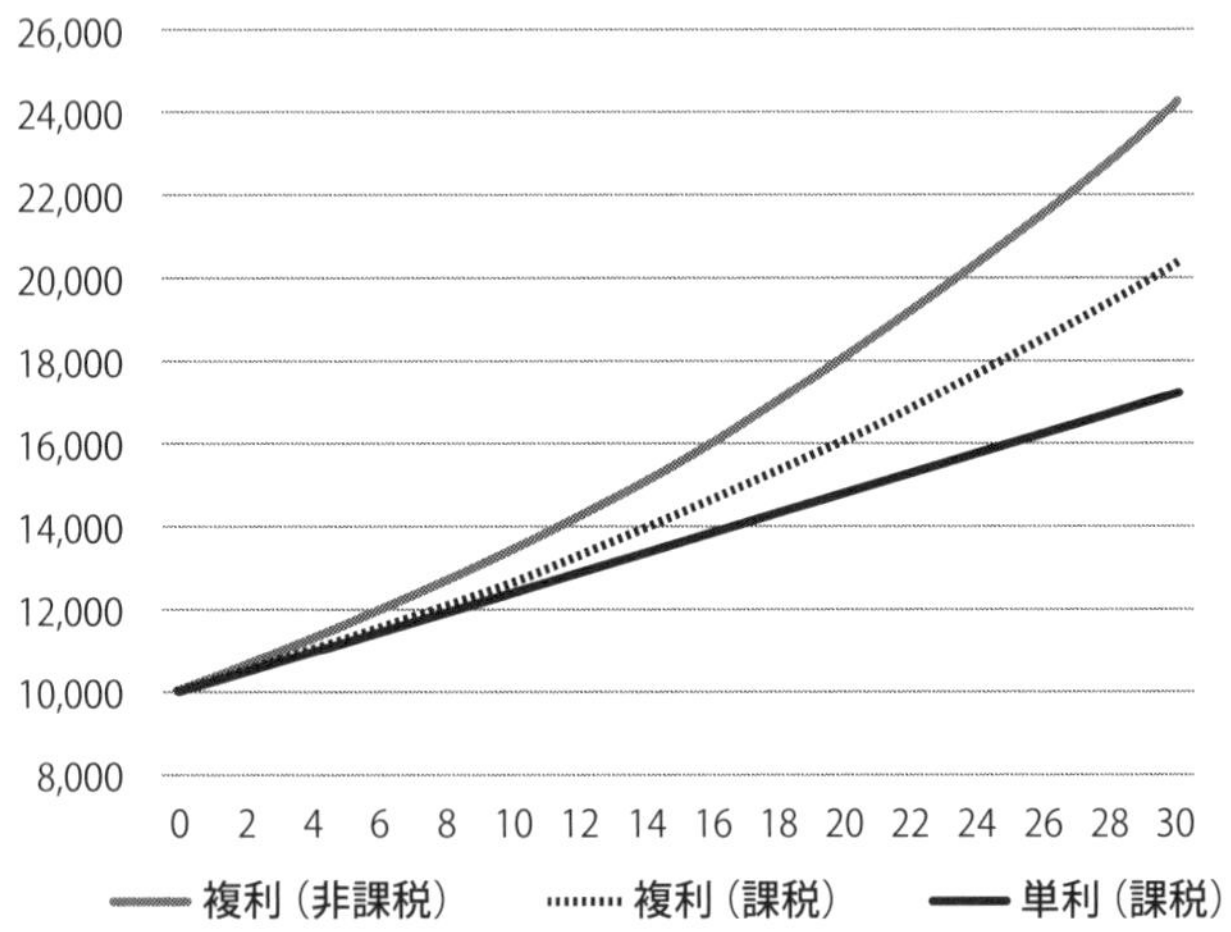

複利の力、ぜひ利用したいですよね。「つみたて投資」でもその力を自ずと利用できます。

月3万円の「つみたて」で1000万？

つみたて投資の場合も、ちょっと試算してみましょう。毎月3万円積立てた場合です（図4-③）。

累計元本が下の線。リターンが3％だったときの期待値が上の線。複利の効果で時間が経つほど、お金の増え方のペースが上がっているのがわかると思います。うまく

図4-③毎月3万円をインデックスファンドで積み立てたら

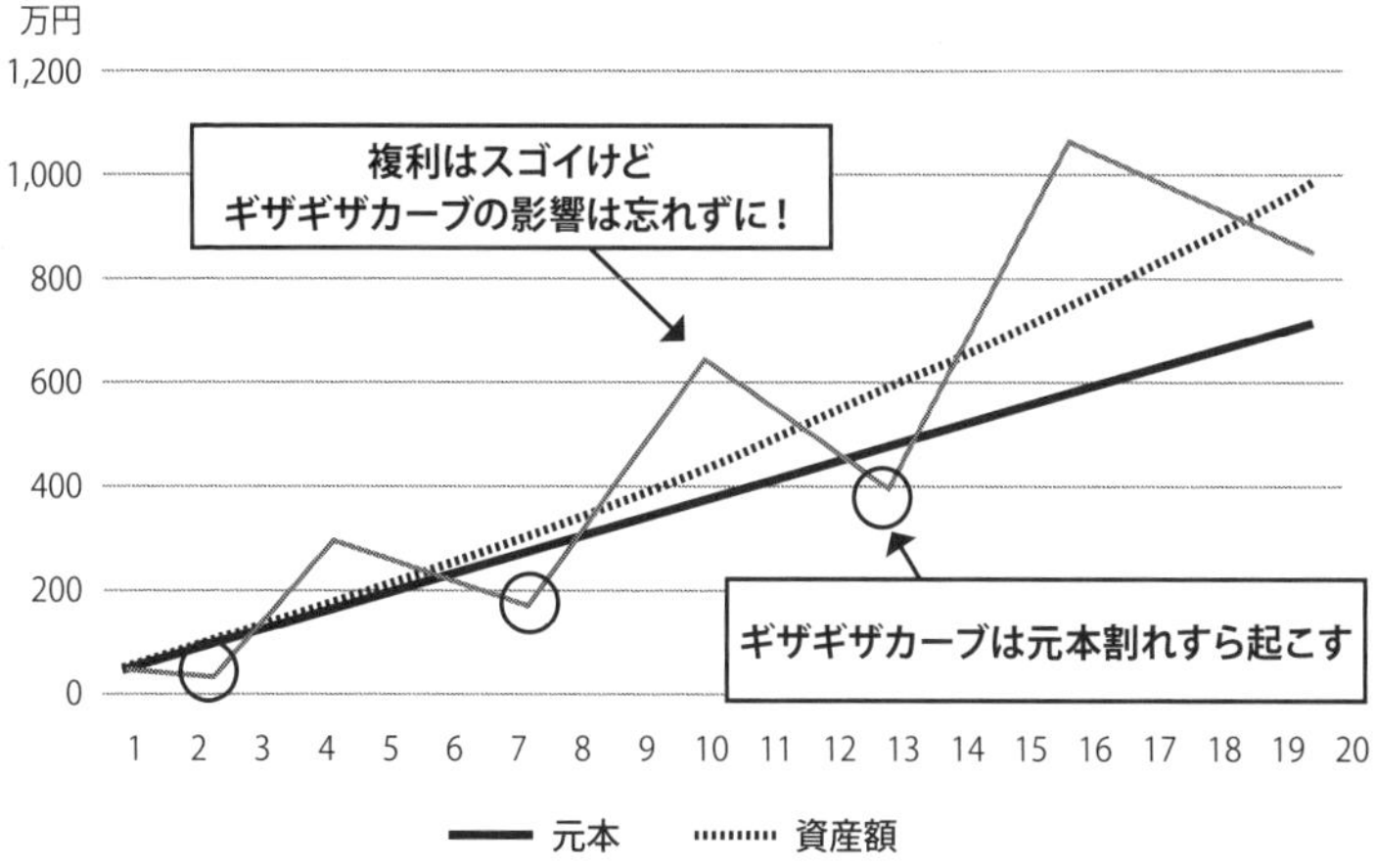

することができる可能性があるんですね。また、NISAの場合は、非課税なので、最後の利益確定に伴う税金も支払不要です。

図には、例のギザギザカーブも私の感性で描いてあります。忘れてはならないのがリスクです。時には元本を割るかもしれませんが、全体としては右肩上がり。複利の効果を考えるときは、リスク（ギザギザカーブ）のことも思い出すようにしてくださいね。

複利の力を最大限に利用する秘訣は、

です。

できるだけ長い時間投資する

たとえば、ゴールを65歳、3000万円、運用利率は5％とします。投資を始めた年齢によって必要な元本がどれほど違うか、一覧表にしてみましたので、参考にしてみてください（表4－①）。

複利は、時間が長ければ長いほど、威力が増します。感覚的には、30年を超えたあたりからの絶対額の伸びが大きい。

たとえば、上記の一括投資の試算表からは、ゼロ歳の126万円は、30歳のときに544万円、50歳の1、

表4-①若いころからの投資は効果絶大

〈一括投資の場合〉

何歳から?	運用年数	必要な一括投資の金額
ゼロ歳〜	65年	126万円
10歳〜	55年	205万円
20歳〜	45年	334万円
30歳〜	35年	544万円
40歳〜	25年	886万円
50歳〜	15年	1,443万円
60歳〜	5年	2,351万円

〈つみたて投資の場合〉

何歳から?	運用年数	必要な毎月のつみたて額
ゼロ歳〜	65年	5,078円
10歳〜	55年	8,589円
20歳〜	45年	14,804円
30歳〜	35年	26,406円
40歳〜	25年	50,377円
50歳〜	15年	112,238円
60歳〜	5年	441,137円

443万円に相当することがわかります。若いころにお金を作るのは大変ですが、そこで踏ん張っておくと、後がぐっと楽になります。

もちろん、50歳からの老後資金作りであっても、間に合うと言えば間に合うのですけれど、それなりに収入と貯金が必要になります。資産形成は40歳くらいまでに始めるのが吉です。着手が遅れてしまった場合は、長く働く、ワークロンガーという考え方も視野におかなければなりません。実際、多くの人が、65歳、70歳まで働く時代となりつつあります。

ゼロ歳からの投資は、複利の威力を享受する最強の作戦

いくつかベストプラクティスを考えてみましょう。たとえば、上記の表で言うと、20歳で334万円のケース。こんなシナリオが考えられます。

- 20歳まで子供名義で毎月8123円積立てる。20歳の資産の期待値は334万円。
- それをそのまま65歳までホールドする→3000万円。

ざっくり月1万円。親が子供のために成人するまで積立てておいてあげる。しかも、できたお金を65歳までなかったものとしてホールドし続ける。なかなかできることではありませんが、この結果、本人に老後資金を非課税でプレゼントできることになります。遺産のように相続税はかかりません。それだけ残してあげれば充分だろうということで、その分、親は人生の終盤で遺産のことなど考えないで自分のためにお金を使うことができます。

もうひとつシナリオを考えてみましょう。

●30歳までに544万円の資産を作る。
●それをそのまま65歳までホールドする↓3000万円。

これは、自力でなんとかする作戦。
この結果、30代、40代で子育て費用がかかって、蓄財ができなくても、老後資金の心配はあまりしなくてすむことになります。

両者に共通するのは、お金のタイムカプセル化。若いころにできたお金を何十年もなかったものとして雨の日も風の日も放置することです。なかなかできないですよねー。

複利の力は残酷なまでに時間の力。歳を重ねるごとに老化していきます。若い人にこそ投資をして欲しいと私が願う最大の理由です。

アセットアロケーション（資産配分）は「取れるリスク」から考える

投資の世界では、資産配分（アセットアロケーション）が、投資のリターンとリスクをほぼ決めると言われています。資産配分を決める場合、つい欲しいリターンを考えて資産配分を考えてしまいがちなのですが、リターンを先に考えると往々にしてリスクを取り過ぎてしまい、しばしば長期投資の妨げになってしまいがちです。

ですので、第2章でもふれたように私は、リスクを先に考えて資産配分を決める方法をオススメしています。私の経験則からも、自分自身にとって適切なリスクを取れるかどうかが、長期投資の成功率のほとんどを決めると考えます。

「自分自身にとって適切なリスクを取り続ける」

リスクは取り過ぎても少な過ぎてもダメなのです。取り過ぎれば運用を失い、取らなさ過ぎるとリターンを失います。

【超重要】リスク資産と無リスク資産の比率を考える

具体的なリスクコントロールの要となるのが、リスク資産と無リスク資産の比率です。ついリスク資産の中身の配分をいろいろ考えてしまいがちですが、重要なのは無リスク資産の比率です。リスク資産を熱湯とするなら、無リスク資産は水。自分にとっての適温に薄めることが大切なのです。

無リスク資産とは、元本割れのリスクがほとんどない資産のことで、短期債券（ＭＲＦなど）、預金、個人向け国債などがあります。無リスク資産は、インフレ要因を除けば値下がりすることがありません。このため、心理的な安心感につながります。

もうひとつの重要な利点は流動性です。

「いざというとき」に、さっと動かせるお金というのは強いということを「いざというとき」が来る前、できれば平穏時に無リスク資産の比率を考えておいた方が良いでしょう。

インデックス投資の土台となった現代ポートフォリオ理論

ここで、インデックスファンドとは何か、少し理論的な背景を説明しておこうと思います。インデックス投資は、ノーベル賞を取ったハリー・マーコウィッツさん（１９２７〜２０２３）の現代ポートフォリオ理論（Modern portfolio theory, MPT）という理論が基礎となっています。最新のフィンテックやロボアドバイザーなどもこの理論が使われています。

現代ポートフォリオ理論によると合理的な投資家が取るべき行動は、以下のような単純なものとなります。

「たったひとつしかない最適に分散されたリスク資産の組合せを、無リスク資産と組合せて保有する」

「たったひとつしかない最適に分散されたリスク資産の組合せ」とは、「市場ポートフォリオ」。これは、市場の縮小コピー、市場そのものに連動する指数です。市場にある全銘柄をその時価総額の比率で投資することで実現できます。**すなわち、時価総額分散型のインデックスファンドのことなのです。**

そして、21世紀の日本では、投資範囲を全世界に拡げた「世界市場ポートフォリオ」に連動するインデックスファンド＝オールカントリーを買うことができます。いい時代になりました。

現代ポートフォリオ理論では、リスク資産（たとえばある会社の株）を次の3つの要素でモデル化しています。

（1）リスク資産の標準偏差
（2）リスク資産の期待リターン
（3）リスク資産同士の相関係数

これら3つの要素の中に、インデックス投資家がチェックすべき重要なチェックポイントが含まれています。資産形成のためにインデックス投資をする人は、この3つを押さえておけば充分です。

ポイント① 標準偏差

現代ポートフォリオ理論で、株価変動がどんな風にばらついているかを示すのが、数学でおなじみの正規分布の図です（図4-④）。

株価の場合にどう見るかというと、横軸がリターン。縦軸は発生頻度です。中央が、期待リターンを示していて、σシグマというのが、標準偏差、すなわちリターンのばらつきを示します。

情報共有が発達した現代なら市場に参加している人は効率的に行動するに違いない。とするなら、株価もブラウン運動のようにランダムに動くはずだ……と仮定することで、株価の動きを正規分布するサイコロのモデルにしちゃったのです。すごい発想です。

この考え方は、私たちが一時的にせよリスクによって、どの程度お金が減ることを覚悟

図4-④ 正規分布の図でリスクによる資産の増減程度は可視化できる

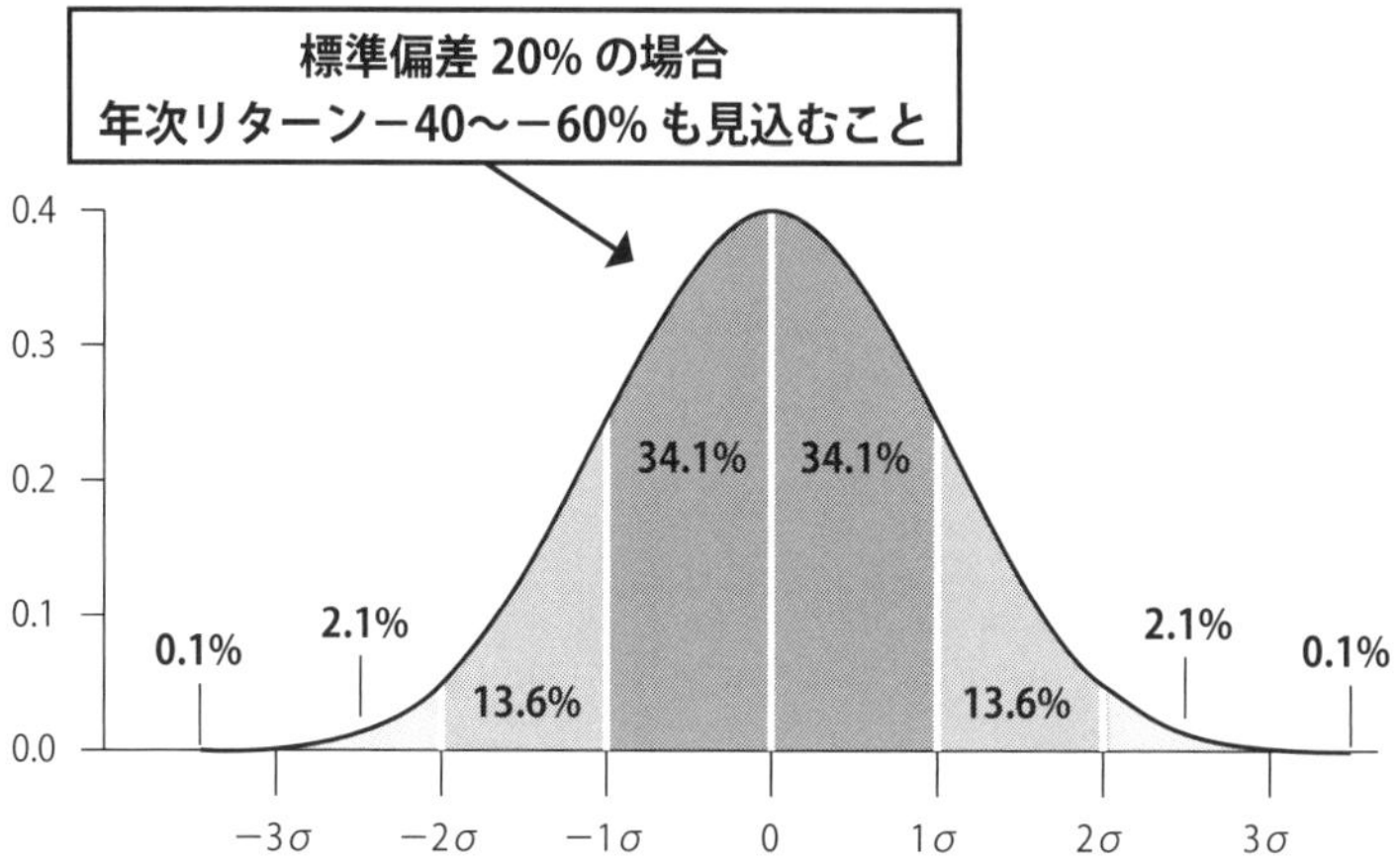

しておかなければいけないのかを判断する材料として使えます。たとえば、株の標準偏差は年次リターン20%～30%分くらいと言われています。標準偏差が20%だった場合を考えてみましょう。この場合、図から読み取れるのは、

マイナスリターンが、20%以内に収まる確率＝34・1%
マイナスリターンが、40%以内に収まる確率＝47・7%
マイナスリターンが、60%以内に収まる確率＝49・8%

年次リターンがマイナス40～60%になる

可能性を見込んでおけば、確率的には、ほとんどのケースをカバーすることができること がわかります。**リスク資産が一時的に半分になっても大丈夫か？**という資産設計のためのアイデアがあります。それは、株価の変動を確率で表現するという、こんな理論的背景があるのです。

ポイント② 期待リターンに期待しない

投資家が、もっとも気になるのが、期待リターンです。期待リターンは、正確にはわかりません。

理由は2つあります。第一に、長期の期待リターンを計算するには、過去のデータが不足しています。たとえば、日経平均株価の20年間の期待リターンの平均を知りたいとします。ところが、日経平均株価は、１９５０年が始まりで、たかだか、70年とちょっとの歴史しかありません。

たとえば、戦後復興期のハイパーインフレ時代が、半分くらいの影響力がある一方で、バブル崩壊という金融史に残りそうな長期低迷期が半分くらいを占めています。特殊な状況が大半を占めるデータを平均した結果で、これからを占うのは、少々、気が引けます。

第2に、長期と言っても人間には寿命があるということです。100年間、バイアンドホールドするのは、不可能です。もちろん、相続税や政治的異常事態による資産没収がなく王朝システムを構築できるとするなら、先祖代々、大きな財産が築けたはずですが、庶民には非現実的です。

期待リターンにしても、20年とか、30年単位で考えるのが、一人の人間の限界となります。しかし、実際の過去の相場を見ていると、20年くらい堅調な期間が続いたかと思うと、20年くらい停滞期が続いたりすることは良くあります。どうなるかわからない将来のリターンを算段に入れてしまうのは、無理なところもあるのです。

つまり、期待リターンにあんまり期待してはいけないのです。

ただ、どのくらいか知りたいと思うのも人情です。

益利回りというのですが、市場がどの程度の利益を企業に期待しているか、ということからだいたいの株式のリターンを求めることができます。現在の株価が、その会社（インデックスの場合、市場）の何年分の利益に相当するかを数値化したＰＥＲという指標があります。そして、ＰＥＲの逆数を取ると、益利回りを求めることができます。ＰＥＲは16倍程度、つまり株式の時価総額を回収するのに16年かかる、というのがこれまでの市場の平均だと言われています。そこから判断すると、１÷16で、**6％ぐらいが、株式の期待リターンの妥当な値**と考えられます。

ポイント③ 分散効果を高める組合せ

現代ポートフォリオ理論では、分散効果を高めるには、**相関関係があまりない資産を組み合わせると良い**、ということが示されています。

異なるリスク資産を組合せるとき「リスク（標準偏差）」、「期待リターン」と並んで「相関係数」というパラメータを使います。相関係数とは、－1～＋1の間を取る数値で、まったく同じ動きをするときは、「＋1」、全く逆の動きをするときには「－1」になります。

そして、相関関係が小さいほど、分散効果が高くなります。つまり、リスクが減ります。

全く同じ「リスク（標準偏差）」、「期待リターン」を持つ、資産Aと資産Bがあって、相関係数が「＋1」の資産同士であれば、期待リターンもリスクも全く変わりません。分散効果が全くないのです。

一方、同じ条件でも相関係数が、全く逆の動きをする「－1」のときは、期待リターンは全く変わらずリスクだけがゼロになります。たとえばそのような組合せがあった場合、無リスクで期待リターンだけが残るという理想的なポートフォリオができます（残念ながら、そのような組合せは、現実には存在していません）。

債券購入は定期預金や個人向け国債でも代替できる

さて、その相関が低く伝統的に分散効果が高いと言われる組合せの代表が、株式と債券です。債券クラスの役割をひと言で言うと、「株式資産のベストパートナー」です。

債券というのは、早い話、「お金を貸すこと」。見返りは、「利子（金利）」です。たとえば、ある国が発行する国債を購入するということは、その国にお金を貸すということで、金利が付いて戻ってきます。

リスクは株式より低いですが、債券もリスク資産のひとつです。発行元の国や会社が破綻すれば、紙くずとなります。

債券は、金利で価格が変動します。

（1）金利が上がると、債券の価格は下がる。
（2）金利が下がると、債券の価格は上がる。

金利と逆に価格が変動します。通常の感覚とはちょっと違いがありますので、注意してくださいね。

株式クラスは、自己増殖する資産で長期投資におけるリターンの源泉です。しかし、期待リターンが高い反面、リスクも高めです。長期投資を続けるためには、なんらかのリスク低減策が望まれ、組合せとして効果的なのがリスクが低めで株式との相関も小さい債券クラスです。

ただ、近年、株式と債券の相関関係の低さは昔ほど期待できなくなってきているとも言われます。

また、最近の国内は長らくゼロ金利状態です。金利の低い現在の局面では、**金利は上が**

る（つまり債券価格は下がる）方向のリスクが大きくなっています。そのため、**金利が上がるとうれしいタイプの無リスク資産**で代用した方がリーズナブルとも言えます。

代用先のひとつは、普通の定期預金。ネット銀行などでは、金利がちょっぴり高めの商品もありますから、探してみるのも良いでしょう。ただし、金利は変動しますから、あまり満期の長いものではなく、1年もの定期などで金利情勢の様子を見ながら運用するのが良いと思います。

また、オススメなのが、個人向け国債変動10年。この商品は「国債」という名こそ付いてはいますが、金利が上がっても価格は下がることはなく、元本は保証され、金利が上がれば単純に利子が増えるという「国債」らしからぬ無リスク資産です。

個人向け国債変動10年は、政府の信用もありますし、通常の債券同様、金融機関が破綻しても保護されます。預金保護1000万円が限度の銀行のペイオフ対策にもなります。運用資産の規模が大きくなったらぜひ考えたい商品です。

為替リスクはある程度許容する

世界分散投資をする上で、どうしても避けては通れないのが、為替リスクです。最近では、為替リスクをヘッジする（為替の影響を軽減する）タイプの低信託報酬のインデックスファンドも増えてきました。

しかし、為替ヘッジでは、対象通貨の金利差分の為替ヘッジコストが発生します。対象通貨の方が金利が高いと、金利分マイナスに作用してしまいます。もしも、日本の金利が海外よりも高くなればコストは逆にプラスに作用するのですが、2023年現在、当面はそんなことは起きそうもありません。

外国株式クラスは証券リスクの方が為替リスクより大きいため、わざわざ為替ヘッジをしてコストかける必要はないでしょう。

外国債券クラスは、為替リスクの方が証券リスクより大きいため、為替ヘッジはある程度有効とされます。しかし、内外金利差の大きい現状では、為替ヘッジコストが大きく、外国債券の期待リターンはその分、少なからず減ります。

また、外国債券と日本債券の金利差は、長期的には為替に反映され、両者の期待リターンは論理的には等価という考え方もあります。このため、そもそも外国債券に投資する必要はないとする人も多いです。

為替は、率直に言って、読めません。期待リターンゼロ、あるのはリスクだけ。そんなイメージです。長期的視野に立って、ある程度は許容し、気長につきあっていくしかありません。

もうひとつの有力分散先 REITについて

財産3分法ということで、分散先には、これまで述べてきた株式、債券の他に、不動産がよく登場します。しかし、実物の不動産投資は、資産形成のための**投資というより、事業そのもの（アパート経営）**になり、本業に忙しい多くの人にとって、ハードルが高い投資となります。また、分散投資するためには非常に大きなお金が必要です。

そんな不動産へ少額でカンタンに投資する手段のひとつが、ＲＥＩＴ（リート、不動産投資信託証券）です。

ＲＥＩＴとは、投資家から集めたお金で不動産への投資を行い、賃貸料収入や不動産の売買益などを投資家に還元する商品。市場で取引されているため、市場価格も持っていますから、株式と同じような性格を持つ、なかなかに優秀な商品です。

実は、オールカントリーにも含まれているＲＥＩＴ

ただ、**あえて投資する必要はありません。意外と知られていませんが、インデックスファンドが連動する指数には応分のＲＥＩＴが含まれています。**たとえば、eMAXIS Slim

図4-⑤ 実は株式指数にも含まれているREIT

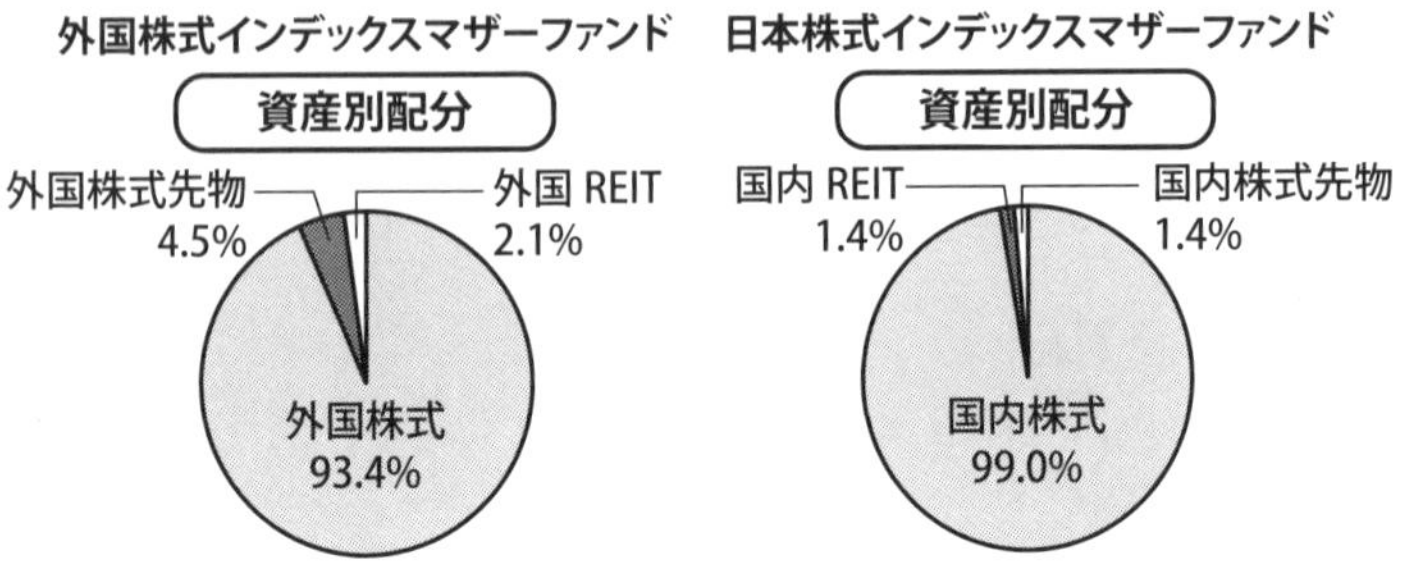

三菱UFJ国際投信 eMAXIS Slim全世界株式（オール・カントリー）第4期 交付運用報告書（2022.04.25）より

全世界株式（オールカントリー）の運用報告書を見るとそれはわかります（図4-⑤）。

REITは、個人の好みで多めにしたいとお考えの場合に使うツールと考えておけばいいのではないでしょうか。

必ず実施しよう！リバランスで超シンプルにリスク管理

インデックス投資は、カンタンなオペレーションでできる投資ですが、残念ながら、完全にほったらかしにできるわけではありません。これまでお話ししてきましたように、長期投資成功の秘訣は、リスクをうまくコントロールしてリスク資産を保有し続けることが重要です。

運用中のリスクコントロールは必須で、ほったらかすことは不可能です。でも、心配は要りません。やることはカンタンで、大きくは、たった2つだけです。

（1）1〜3年に1度程度、リバランスをする。
（2）5〜10年に1度程度、リアロケーションする。

リバランスって何？

リスク資産には、当然ですが増減があります。このため、大きく価格が変動したとき最初に決めたリスク資産の割合が崩れてしまうことがあります。リバランスとは、この崩れた比率を元に戻すことです。

ちょっと例を挙げてご説明しましょう。たとえば私は、「リスク資産と無リスク資産の割合は50％」でポートフォリオを作っているのですが、ある年、リスク資産が急上昇！40％も値上がりしたとしましょう。やった！というわけなのですが、ここは冷静に判断

図4-⑥ リスク資産が上昇！ やった！ で終わっちゃダメ

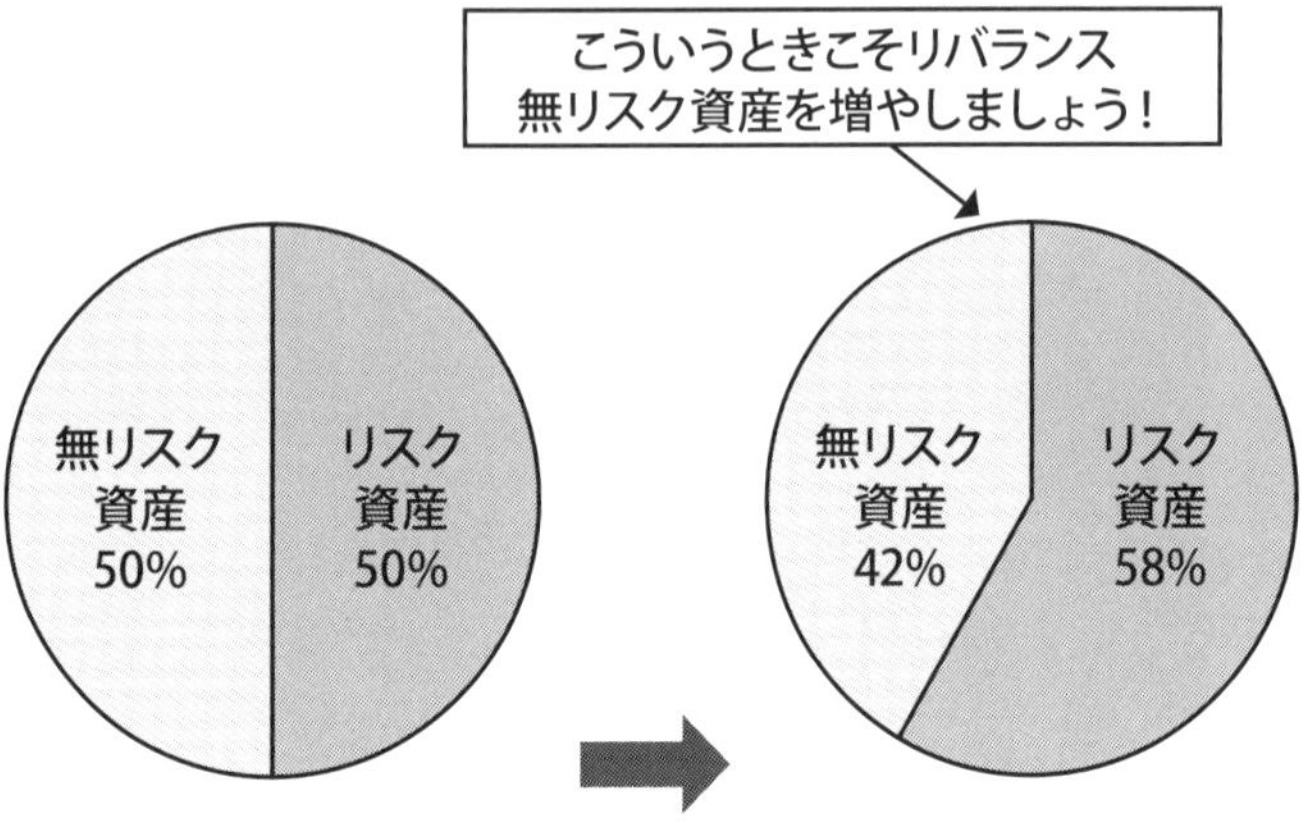

リスク資産が40%増えると全体の比率は……

する必要があります。リスク資産が40%も上昇すると、50%だったはずのリスク資産の比率は58%に増えています（無リスク資産は変化なしとします）。これは、**当初考えていたよりも、リスクを取り過ぎている**ことを意味しています。もう一度、**リスク資産の比率を50%に戻しておくべき**です（図4-⑥）。

そして戻す作業のことを、再度バランスを取る＝リバランスと呼んでいます。

リバランスは、長期投資の中核中の中核テクニックですから、必ず理解の上、実行してください。

リスク資産が増えた場合

リスク資産が増えた場合、リバランス（比率の調整）の手法には2つあります。

（1）リスク資産を売る。

（2）無リスク資産を増やす。

この2つとどちらか、あるいは両方を組合せてリバランス作業をすることになりますが、（1）の方法がわかりやすいです。注意点は、リスク資産を売ってしまうと利益を確定することになり譲渡益が出て税金を支払う必要があること。

ただし、NISAであれば、税金はかかりません。2024年以降は、売却しても元本分の非課税枠は復活します。生涯投資枠に余裕がある資産形成初期では問題にならないでしょう。生涯投資枠を超えるような投資規模になってきた場合は、（2）を選ぶという選択肢を検討しましょう。

（2）の方法論は2つあります。

●運用資産とは別の余裕資金（待機資金）を運用資産の無リスク資産に組み入れる。
●一時的につみたてを中止し、新たな投資資金は、都度、無リスク資産に組み入れる。

その時のお財布の事情に合わせて選んでみて下さい。

リスク資産が減った場合

次に、リスク資産が減った場合について考えます。

先の例で言えば、50％あったはずのリスク資産が、42％に減ってしまう場合です。この場合のリバランスの方法は、単純です。まさに「買い場」が訪れているのです。無リスク資産の資金を使ってリスク資産を買い足しましょう。方法論は2つあります。

（1）一気にリスク資産を買う
（2）つみたて投資の金額を増やして徐々に調整する

長期投資の観点からは、投資期間の稼げる（1）の一気にリスク資産を買うという方法が合理的です。

ただし、一気に買ったらまた下がるかもしれない、などと考えている人が一気に買って、実際にさらに下がった場合の精神的なショックは計り知れません。ですので、（2）の積立てる金額を増やすやり方の方が、投資を続ける上では良い結果をもたらすかもしれません。

これまた、人それぞれの部分ですので、自分にあったやり方を考えてみてください。

ひとつだけ言えるのは、**「リバランスをしない長期投資はない」**ということです。うまく相場を読んで、と考える人もいらっしゃるかもしれませんが、**自分のリスク許容度を超えたり、相場を読み違えてしょげてしまい、長期投資を続けられなくなっては、元も子もないのです。**

リバランスとは、自動車の運転に例えると、速度の調節。スピードを出しすぎても遅すぎても危ないわけです。適切な速度で運転しましょう。

リバランスの発動条件

リバランスをいつ行うかについては、定番の考え方が２つあります。

（1）1～3年に1回、リバランス

頻繁にリバランスをする必要はありません。コストや手間がかかりますし、リバランスには、（結果的にですが）利益を確定したり、買い時に多めに買ったりする効果がありますす（リバランスボーナス）。ある程度期間をあけてリバランスした方が良いとも考えられ

表4-② GPIFも資産構成の割合には"幅"がある

		国内債券	外国債券	国内株式	外国株式
資産構成割合		25%	25%	25%	25%
乖離許容幅	各資産	±7%	±6%	±8%	±7%
	債券・株式	±11%		±11%	

ています。

(2) 資産の比率にレンジを持たせて、その範囲を超えたらリバランス

リバランスは、そんなに厳密なパーセンテージで管理する必要はありません。ある程度のレンジを見ておき、それを超えたら実施すればオーケーです。たとえば、インデックス投資のお手本、GPIFの基本ポートフォリオでも、乖離許容幅を持った運用をしています（図4-②）。けっこう幅を見ていることがわかりますね。

（1）だけでいい、とする人もいますが、私は（1）（2）を併用しています。（2）のアプローチがけっこう有効だなと思ったのは、コロナショック（2020）のときでした。

リバランスのポイントは、雑念を打ち払って、機械的に実施することです。

これまでの説明では、リスク資産と無リスク資産の比率についてのリバランスに視点を置いて書いてきました。しかし、リスク資産の中でもリバランスというのはあります。GPIFでもそうなっていますね。

バランスファンドを買えばリバランスは不要は間違い

たとえば、リスク資産の中身が、日本株、先進国株、新興国株、GPIFの組合せだった場合、当然それぞれのバランスがずれてくるケースはあります。

リスク資産間のリバランスを自動化する方法として、バランスファンドを活用する方法があります。バランスファンドの場合、そのファンドの目標比率にファンドの方で勝手に調整してくれます。ほったらかし度を高めたい人には、オススメのやり方です。

ただし、一点だけ注意しておいて欲しいことがあります。「バランスファンドを買えばリバランス不要」という話を聞くかもしれませんが、これは間違いです。バランスファンドがリバランスしてくれるのは、あくまでリスク資産同士の割合です。金融資産のリスクを決定づける無リスク資産との比率は調整してくれません。ここは、自分で調整するしかありません。

リアロケーション：5～10年に1度は、自分のリスク耐性の変化も考える

さて、リスクコントロールでは、リバランス以外に、もうひとつ重大な契機があります。それがリアロケーション。自分自身のリスク耐性に変化があったり、相場を経験して当初考えていたリスク許容度を変更したくなったりした場合に、目標とする資産配分を変えることです。

若いうちは、リスク許容度が高くても大丈夫だったのが、年齢を重ねるにしたがってリ

スク許容度が低下して行くケースがそうですし、暴落を経験して、リスクに対する考え方が変わってしまうなんてこともあるでしょう。私のように突然早期リタイアして収入が激減するなんてケースもそうですね。

ライフサイクルに合わせて、5〜10年に1度くらいは、全金融資産に占めるリスク資産の比率の見直しをすることをオススメします。

できれば暴落のときではなく、相場が安定しているときに見直した方が良いでしょう。暴落時は長期的に見れば「買い場」であることが多く、そんな時にリスク資産をマイナス方向に調整するのは、あまり合理的ではないからです。もともと、リスクを過剰に取り過ぎていて、明日の家賃にも困るみたいな状態の場合はやむを得ないですが、そんな状態にならない方が賢明です。

第**5**章

暴落を利益に変える シンプルな リスク管理法

ある日マーケットはクラッシュする

さて、これまでの章で書いてきたことを超要約しますと、「株式は長期保有すれば儲かる可能性が高い」となります。ただ、持っているだけでいいのです。でも、こんなにカンタンなのに、なぜ、長期投資の成功譚《たん》が少ないのでしょうか。

その最大要因と思われるのが、マーケットのクラッシュ（暴落）です。株式投資をしていない人でも、株価暴落、バブル崩壊などのキーワードは、よくご存じだと思います。暴落になると、それまで威勢の良かった人が視界から消えてしまうというのは良くあることです。リスクを取り過ぎていた人が、いろいろな面で一気に破綻してしまいがちなのが、市場のクラッシュです。

危機は突然あさっての方向からやってくる

世の中は、いつも危機探しに夢中です。「マーケットにはこんな不安材料がある、安心してはいけない」という言説がメディアを賑わしています。雑誌なんかは、その方が売れますからね。しかし、本当の危機はメディアや論者が「危機がくる」とはやし立てるときではなく、ある日突然あさっての方向からやってきます。危機を予測することは不可能なのです。

私が運営するブログでは、マーケットが堅調なときと急落があったときの反応に差があります。マーケットが堅調なとき「浮かれていてはいけない、今こそリスク許容度をよく考えてみよう」と書いたときより、マーケットが不調になって、「ここここそが踏ん張りどころだ」と書いたときの方が、アクセス数が多いです。これは、何年ブログをやっていても変わりません。

経験則ですが、**暴落をやり過ごすことが長期投資の成功要因の8割以上を占めます。**

この章では、マーケットのクラッシュにどう向き合うかについてのノウハウをまとめています。みなさまの長期投資の旅の糧になれば幸いです。

急落したら何をする？

本来は病気と同じで予防が大切なのですが、得てして痛くなってからじゃないとお医者さまには行きません。というわけで、「急落に備える話」をする前に「急落が起きてしまったらどうするか」というお話を先にしておきます。

①とりあえず「休む」

危機が訪れたときにはあわててはいけません。判断を誤ります。暴落に対処する極意中の極意が、「何もしない」「休む」です。更に長期投資家として、理想的なのは、「休んでいた」「はっと気が付いたら嵐は過ぎ去っていた」ではないかと思うのです。

サラリーマンの「つみたて力」はプロもうらやむ最終兵器

休むと言っても、ホントに何もしないわけではありません。嵐が来ようと何が来ようと、ひたすら積立てましょう。むしろ、積立額を増やす検討をするのです。

実は、これこそプロのファンドマネジャーすらできないプロもうらやむ最終兵器なのです。プロのファンドマネジャーの場合、顧客による解約はどうすることもできませんが、サラリーマン投資家の場合は自分の胸一つです。

我々シロート投資家は、情報力、投資の知識と経験、資金の規模、全てにおいてプロの投資家に負けています。**そんな私たちにとってプロには絶対できない、たったひとつのこと。それが、長期的視野に立って投資を続けること、暴落が来ようと動じないことなのです。**個人投資家が、これを放棄しては、市場に勝つ術を失ってしまいます。

②ポートフォリオのリスク資産比率をチェックする。

急落があった場合、私が必ず最初にすることがあります。それが、ポートフォリオのチェックです。たとえば、あなたが、1000万円の資産をリスク資産50％（500万円）

無リスク資産50％（500万円）の割合で運用していたとします。そして、ある日ある時、株価が急落したとします。すると、あなたの資産はどうなっているでしょうか。

全額で見てしまうと、「げげっ、車が1台買えるじゃん、ああ、あのとき売っておけば……」とか、「50万円あったら海外旅行に行けたのにー」となりがちです。ポートフォリオを考えたとき、「半分くらい減ってもへっちゃらさ」と思っていても、いざその時が来ると悲しみにうちひしがれてしまうのが人間です。

相場が急落したら、リバランスの観点で見てみよう

私が実践しているのは、ポートフォリオを全額ではなく比率でチェックすることです。すると、上記は、こうなります。

- 10％下落リスク資産比率は、50％→47％
- 20％下落リスク資産比率は、50％→44％

●30%下落リスク資産比率は、50%↓41%
●40%下落リスク資産比率は、50%↓38%
●50%下落リスク資産比率は、50%↓33%

こうやって見ると少し冷静になれます。

つまり、**リバランスの観点で見てみる**のです。もしあなたが、リバランスの条件を「リスク資産45%未満になったとき」と決めていたとしたら、10%下落ではまだリバランスしなくてよいのです。メディアが騒ぐ多くの急落は「1日で数%の下落」がほとんどです。このレベルでは、いちいち大騒ぎをしなくなります。

さすがに50%下落では、リスク資産も33%に減ってしまって大変なのですが、逆に「無リスク資産が67%もある。いっぱい買えるじゃん」という見方になります。

実際、この時こそが10年に一度訪れるか訪れないかの「買い場」なのですから、長期投資家としては資産が減って悲しみつつも、喜ぶ局面なのです。

③スポット買いの誘惑に耐える

でも喜びすぎも禁物です。ある程度相場慣れしたときに陥るのが、スポット買い症候群です。「ラッキー、今がチャンスだ！」と調子にのって買いたくなっちゃうのです。でも、これまた、少々危険です。まだ株価は下がるかもしれないからです。

急落時にあせって買うべきではないと私が考える2つの理由

理由その1　そもそも暴落ではないことが多い

株価の標準偏差（σ）をざっくり20％と見た場合、私の感覚では、

下落：年次リターンがマイナス20％　－σ
暴落：年次リターンがマイナス40％　－2σ

です。日次とか月次ではなく、年次リターンです。意外とそこまで落ちてなかったりします。

理由その2　あせらなくても買い場は意外と長持ちする

長期投資家にとっての「買い場」では、下落や暴落の期間は意外と長く続きます。いやになるほど続きます。いやだなー、もう来ないで欲しいなー、心の底から思うときが「真の」買い場。株価低迷期は見逃しようがないのです。

「買い場」はありがたいことに、すぐには逃げていきません。あくまで冷静にリバランスの観点で見ることをオススメします。

急上昇したときには、逆のことが起きます。こちらは利益確定症候群とでもいうのでしょうか。必要以上に売ってしまうのです。先の例で言えば、リスク資産の比率が55％に上がったとき、リバランスで50％に戻せばいいのに45％ぐらいまで売ってしまうような行動です。これも運用を比率ではなく金額で考える人が陥りやすい罠です。

株価には、暴落とは逆に急騰局面もあります。『敗者のゲーム』という本では、『「稲妻がきらめくとき」（株価が急騰するとき）がパフォーマンスに与える影響が大きい』と指摘しています。売ってしまうと、その先にあるかもしれないチャンスを失ってしまいます。

売る場合も買う場合も、長期投資家は全運用資産に占めるリスク資産の比率を見て、判断するように心がけましょう。**「ポートフォリオは比率で見る」これは、普通の人が投資を継続するための極意です。**

④自分のリスク許容度を再点検する

正論を言えば、リアロケーション等でリスクを落とす場合、相場が堅調なときの方が良いに決まっています。相場が堅調なときに、運用資産額に応じたリスク許容度を見極めておき、急落の場面でも、じっとガマン、じっと積立てを続けるのが王道です。

しかし、人間、そんなにうまくできていません。誰しも、いざというときが来ないと「いざというときのこと」を考えられないもの。ですので、急落でしょんぼりしてしまったときは、自分がどの程度のリスク許容度を持っているかを知るためのチャンスだと考えましよう。

これまで述べてきたように急落したときの投資行動として絶対金額を用いるべきではありません。しかし、リスク許容度を決める場合、絶対金額で見た方が良い場合もあります。運用資産額が100万円の時、500万円の時、1000万円の時では、それぞれ心のリスク許容度は変わるからです。

最後に、暴落が来る前に持っておくと良い心構えや予防策としての行動パターンを、これまで述べてきた内容の復習も兼ねて7箇条にまとめてみました。

①分散投資をする

②つみたて投資を続ける

③キャッシュポジションを持つ

④少額投資にする（なかったと思えるくらいの金額にする）

⑤配当金があることを思い出す

⑥ゴールはずっと先ということを思い出す

⑦お金のことを話せる仲間をつくる

意外と効果があるのは⑦でしょうか。投資というのは、孤独な作業です。ひとりでだけで考えているとくじけそうになるときもあるでしょう。でも、仲間がいることは、何かを続けるときの強力な心の支えになります。これは、私が20年近くブログを続けてきた実感でもあります。

ちなみに、私のブログには、投資をしているみなさんへのリンクがたくさんあります。多くの普通のサラリーマンが、インデックス投資やいろいろな投資をしていることがわかります。仲間がいれば、苦しいときも楽しいときも心の支えになること間違いなしです。

ポートフォリオ作りには時間がかかる

先にも述べましたが、ポートフォリオを作るには時間がかかります。自分にとっての「適温」を知るのに時間がかかるのです。証券会社のサイトには、いくつかのカンタンな質問に答えて、「あなたには、こんなポートフォリオが適切です」と出てくるような診断プログラムがあります。しかし、これでは本当のリスク許容度はわかりません。設問が少なすぎますし、その場その場で自分の気持ちはぶれていきます。やはり自分で実際に投資をしながら、感じ取っていくべきなのです。

ポートフォリオは、いろいろな答えがあっていい世界です。「資産配分はアートだ」と言う人もいます。ただし、忘れてはいけないのは、暴落は、いつ起きるかわからないこと。仕事で缶詰状態、または長期の海外旅行中かもしれません。いつ調整しても耐えられるポートフォリオ作りを目指しましょう。

さてここまでは、開始～運用のコツについて書いてきましたが、次章から私のアーリーリタイアやインデックス投資などの出口戦略について書いていきます。

第6章

早期リタイアするとき、チェックしたこと

早期リタイアを決断した3つの理由

本書冒頭で書いたように、私は突然早期リタイアしてしまうことになりました。早期退職勧奨を受けた私が早期リタイアを決断した理由は、主に3つあります。

①死ぬまで生きる算段が付いた

お金の算段が付かないことには、早期リタイアは不可能です。私の場合は、次の3つの合わせ技です。

- インデックス投資で老後資金にはメドが立っていた。
- 子育ても終焉に向かい、残りの人生に必要なお金が減っていた。
- 早期退職優遇制度による割増退職金をもらえた。

ちなみに、最後のが大きかったと早期退職から8年経った今では思ってます。

②母親の介護の心配が出てきた

私は、妻、ムスコ二人、そして、実母と一緒に暮らしています。そして、ちょうど、退職勧奨があったときに、どうも母の様子がおかしくなって来ていました。「ああ、そろそろ介護かな」。そんな予感がしていました。そうなると、やはり、仕事のスタイルも変わっていく必要があります。そんな矢先に、こんな話です。

そして、その予感、というか、人間は誰しも老いるという必然。早期リタイア後、再就職をしたのもつかの間、その後、数年にわたって、在宅介護に追われる日々が私を待っていました。

人生にはいろいろな符合があるものです。

③その会社での私の使命は終わった

「生涯現役」これを口にする人は多いです。ただし、同じ場所で、同じ役割で、同じように仕事を続けられるとは限りません。継続には変化が必要なのです。私の場合、それは会社を辞めることを意味していました。

実は、私が退職勧奨をされるさらに4～5年前、業績というより社内政治的な要因も絡み、会社自体も再編され、会社の名前も変わり、当然会社の経営陣の主流も変わって、私にとって、自己実現の場でもあった会社は、一転して住み心地の悪い場所になってしまっていました。

しかし、その時は、もう50歳です。「あと10年の辛抱か」と考えて居座っていようかと思ったのですが、かつての栄光にすがるだけの50代の人材を会社が放置するはずもなく、退職勧奨されるに至ったわけでした。会社にとっても、私自身にとっても、私のロールはなくなっていたのです。

チャンスは二度と来ない

私が、退職勧奨を受けたのは、２０１５年。当時は、世間の景気回復とともに会社の業績は回復基調にありました。世は人手不足になりつつある。折しも、そんな情勢の中でのコストをかける早期優遇制度の発動です。しかも、人事部門は何を勘違いしたのか、例年よりも優遇条件が良くなっていたのです。

早期退職優遇制度というのは、いわば、在庫一掃セールの人件費版です。会社側としては、けっこうなコストをかけます。一時的にその分の損失が出ても、翌年からのキャッシュフローは改善されるという寸法です。ビジネスが堅調に進むようになれば、数年で回収できるというもくろみのもとに行われます。

「もう、来年は、この制度の発動はないな」。投資の世界では「予測は不可能」を座右の銘のひとつにしている私ですが、ここは予知能力を全力発揮です。

退職勧奨を受けたのは、私がちょうど54歳の誕生日を迎えたときでした。まさに、世間一般で言うところのリストラ世代。この会社にいるのは、定年まで6年、再雇用があったとしても、たかがしれています。実際、当時の諸先輩たちは、本来5年の再雇用の満期を待たずに数年で退職されていきました。

そして、早期リタイアするなら、私にとっては、ラストチャンス。というか、ちっとも「早期」ではない年齢です。

早期退職勧奨とは、「解雇」。けっこううら悲しいものがあります。私ものんきな調子で書いていますが、世間的に見ればそういう状況でもありました。

一方、私の投資の目的は、あくまで老後の余裕資金作りの一助という位置付けに過ぎませんでした。積極的に早期リタイアをするために資産形成をしてきたわけではありません。はたして、そんな私が早期リタイアできるのでしょうか。熟考が必要……だったのですが、ちょっと考えただけでわかりました。

「あれ？早期リタイアできるじゃん」

即決で、人生設計の方針を変更しちゃった私でした。人生は、インデックス投資よりははるかにドラマティックだったのであります。

決断をするに至った算段は意外と単純

家に帰って、再度、計算してみたのですが、すぐ結論が出ました。「だいじょうぶ」。この理由に至った算段はカンタンです。ひと言で言えば、私が、アーリーというには、少々、歳を取っていたことにあります。知らない間に、残りの人生に必要なお金が減っていて、お金は足りそうだという算段が付いたのです。

本書をお読みの方の中には、早期リタイアを考えている方もいらっしゃるでしょうから、個人的事情を踏まえながら、早期リタイアの算段について、少し、書いてみましょう。**観点は、①年金はどのくらいもらえるか？　②年金受給開始までの生活費は？　③運用資産はどうなるか？　の3点です。**

①年金は足りるか

老齢基礎年金は、8年前の当時、満額で約78万円、月6万5000円弱。にわかにインフレのあった令和5年度は、ちょっと値上がりして年79万5000円です。日本の年金は、物価上昇に合わせて年金の上がりかたを抑制するシステム（マクロ経済スライド）ですから、実質的な年金の受給額は減っています。これだけで生活するのは、さすがに厳しい、というわけで年金にはいわゆる2階、3階と呼ばれる部分があります。

（1階）老齢基礎年金
（2階）老齢厚生年金
（3階）企業年金、確定拠出年金など

（2階）は厚生年金の報酬比例部分。（3階）は、私の場合、企業年金でしたが、現在では、確定拠出年金制度、あるいは企業年金との併用が主流になりつつあります。（2階）と（3階）の特徴は、たくさん納付すると（稼ぐと）それに見合った金額がもらえるところ。上限はありますが、たくさん稼いで長く働くほど、年金額が増えるという仕組みです。確定拠出年金の場合は、運用次第ということになります。

つまり、いくら保険料を払えるかわからないうちは、いくら年金をもらえるかわからないということになります。このため、30代、40代では、ちょっと年金額の見通しを立てるのが苦しく、50歳を過ぎたあたりにならないと見えてこないのです。

ねんきんネットを使ってカンタンシミュレーション

幸いなことに、私は、そのハードルは越えており、ある程度の年金の見通しを立てることができました。なんてったって今や「ねんきんネット」があります。毎年送られてくる「ねんきん定期便」というハガキには、このまま同じ収入（標準報酬月額）だった場合の年金額が書いてありますが、早期リタイアの算段のためには、退職してから1号被保険者（ないしは3号被保険者）となった場合の年金額を計算しておく必要があります。

「ねんきんネット」では、受給開始年齢を繰り下げた（65歳ではなく先にも延ばして受給月額を増やす）場合、任意加入（学生時代に払ってなかった年金を60歳以降に払う）した場合などなど、いろんなケースをさくっとシミュレーションできちゃうんですね。本当に便利な世の中です。

インデックス投資で培われた計算力が役に立つ

途中で仕事を辞めてしまうと大幅に年金額が減ってしまうことをきれいさっぱり忘れている人や、逆に、年金はもらえないものとして、ものすごく手堅くリタイア資金を考えている人はけっこういます。

年金については、リスク資産の運用と同じように楽観的すぎても悲観的すぎてもいけないと私は考えます。何か普通と違ったことを起こすには、使えるものは使い切って、冷静に読み切る必要があるのです。こういう計算力が、人生を有効に使う上では、とても重要です。

私の人生の損益分岐点は65歳までの生活費だった

私の場合、「ねんきんネット」でわかったことは、厚生年金32年の加入で自分でもびっくりするくらい保険料の納付額が、積み上がっていたことです。企業年金も合わせると、このまま無職だったとしても、私の年金分だけで現在のベーシックな生活費分くらいはもらえることがわかりました。実際は、妻も年金をもらえるので、その分は家計としての余裕資金になります。我ながらよく働いたものです。

「ねんきんネット」のおかげで、わずか30分くらいの作業で、年金受給開始後、年金だけでも死ぬまで死なない程度に暮らせることがわかりました。私の場合、年金受給開始の65歳までの生活費が足りるのであれば、早期リタイアがぎりぎり可能。65歳までの生活費が、私の人生の損益分岐点でした。年金のおかげで、長さのわからない長生きリスクの問題が、有限のお金の問題に置換されたわけです。

②年金受給開始までの生活費は足りるか

さて、その65歳までの生活費ですが、結論を先に書くと、「支出の自然減で、年金受給開始までのベーシックな生活費は、割増退職金だけで十分にまかなえる」でした。これは、もう、私にたくさんのお金をくれてリストラした会社に感謝するしかありません。

人生には、お金をたくさん使うときがあります。「人生は有限。お金は使うべきに使え。やりたいことは体力があるうちにやれ」が個人的な信条でした。そして、お金をたくさん使う人生の峠は越え去りつつあることに気が付いたのです。

仕事を辞めると自然と支出が大幅に減る

私の場合、辞める直前のキャッシュフローをチェックしてみると、3つの大きな支出費目がありました。

（1）住宅費（ローンなど）

（2）子育て費（教育費など）

（3）雑費

この3つの費目だけで、なんと、全体の支出の3分の2くらいを占めていました。もうびっくりです。残りが、ベーシックな生活費です。ところが、人生のタイミングというのは不思議なもので、これらの大きな支出が早期退職の時期に一気に整理されることに気が付きました。住宅ローンは、繰上返済で完済できる見通しが立ち、教育費は、もはやムスコの大学の学費のみ。これはすでにストックとして別途確保済みでした（もちろん、早期リタイア後の生活費からはその分、差し引いています）。

仕事を辞めて減る支出は大きい

面白いのが、雑費です。いろいろ分析してみると、会社に勤めていることに付帯する出費が大きいのです。私、会社関係にはお金を使う方でした。飲食費しかり、スーツ代しかり、本代しかり。家計の中では、生活費とは別枠の私の管理するお金で処理していました。これが、考えてみるに大幅に減りそうだったし、その後、サラリーマンを辞めてみて、仕事を理由に無駄遣いをしてたんだなあと実感することになりました。

昔、「もしも早期リタイアをしたらどうなるか」などと、なんとなく考えていた金額に比べて、早期リタイア後に必要なお金は、ぐっと減りました。

住宅を購入すべきかどうかは超重要

やはり、大きかったのが、住宅ローンです。家を建てた当時の収入から考えて、目一杯の金額でローンを組んでいたので、年間の返済額はけっこう大きかったのです。インデックス投資家になる10年前の決断だったとは言え、コストにうるさいインデックス投資家としては痛恨の選択だったのかもしれません。

しかし、ローン完済後の今となってしまえば、早期リタイア後は、住宅費を大幅圧縮できるし、本当の本当にいざというときが来たら、売ってしまえばいいわけです。家があったからできた趣味もけっこうあります。想い出もそれなりにできました。というわけで、結果オーライと考えることにしています。

③老後の運用資産は確保できるか

最後は、私の資産形成の目的であった、老後の余裕資金の確保です。早期リタイアを優先して、これが、なくなってしまっては、残りの人生がさみしすぎます。でも、これは、単純でした。その1、その2で述べたように、ゴールが近くなっていたこととそれなりに働いてきたことが幸いして、もはや、一生分のお金は、年金と割増退職金でまかなえ、しかも、多少の余裕があります。

そして、リーマンショック後の株価回復もあって、これまで運用してきた資産は、老後の余裕資金の目標金額であった年金10年相当分にすでに到達していました。ですので、これをこのまま売らずに、保有して行けばいいだけです。私の場合、決断の根拠がとてもシンプルだったので、わずかな時間で早期リタイアに踏み切れました。

知らない間に経済的自立を達成していた

端的に言えば、私は、知らない間に経済的自立（ファイナンシャルインディペンデンス）を達成していたのです。

経済的自立とは、文字通り経済的に自立して、もう働かなくてもお金に困らない状態のことです。なんだか、すごいことのように思えますが、実は、そんなに難しいことでもありません。多くの人は、いつかは経済的自立を達成してしまうのです。年金でなんとか生きている人は、経済的自立を達成しているのですから。

社会保障のシステムが高度に進んだ現代日本において、経済的自立、あるいは経済的自由は、「達成できるかできないか？」ではなく、「いつ達成できるのか？」。早いか遅いかだけの違いです。

「インデックス投資で経済的自立や経済的自由を達成できるのかなあ」「時折、ふっとむなしく感じることがあるなあ」と考えていらっしゃる方もいるかもしれませんが、私に関して言えば、インデックス投資は無駄ではありませんでした。早期退職優遇制度という、一生に一度あるかないかという「黄金の羽根」を「えいっ」とばかりに拾う決断ができたのは、インデックス投資を通じて積み上げた資産のおかげではありません。

サラリーマン人生から飛び降りることができたのは、インデックス投資を通じて得た知識があったからだった、と今は確信しています。私自身の自由でお気楽な人生観は、その背中を押してくれました。

再就職するもすぐ辞める。完全早期リタイアへ

2015年に会社を辞めた私ですが、実は、2016年に一度、再就職しました。会社の早期退職プログラムの中には、再就職支援会社の無料サービスが含まれていました。リストラする側の会社も世間体があったのでしょう。解雇が難しい日本においては、スムーズにリストラができるような仕組みが完備されつつあるのです。

私の場合、雇用保険を気持ちよく受給すべく、再就職支援サービスを受けることにしていました。再就職支援会社さんでは、面接の練習では褒められるし（現役時代は、けっこう面接役もやっていたので得意でした）、インデックス投資ブログの運営で培った知識の賜物で、お金や再就職に関する知識もあったので、再就職支援サービスも楽しく受けていました。しかし、ひとつだけ、困ったことがありました。

紹介してくれる仕事の中に「やりたい仕事がない」のです。当時記憶に残っているのは、コンサルタントの方の次のようなお言葉でした。

コンサル「○○さんは、私のような仕事が向いていています」
私「ふむふむ」
コンサル「でも、今、その求人はありません」

私は苦笑せざるを得ませんでした。このことが、シニアの再就職の難しさを物語っています。雇用のミスマッチが起こりがちなのですね。

そうはいっても再就職活動をしないと、雇用保険はもらえません。そうこうしているうちに、1社、面接を受けることになりました。すると、人手不足よろしく、あっさり採用になってしまったのです。再就職支援会社の方に聞くと、50代の再就職は厳しい、何十社受けて、ようやく採用だと言われていました。運命は皮肉です。で、せっかくお話があったのに断るのも申し訳ないかなと思い、半年ほど勤めてみたのですが、ここで私は、人生50有余年にして、自分探しの結論を得ることになりました。

私は、サラリーマンには向いていない

早期リタイアを決断したときから、私は、思ったように生きることに決めていました。さらには、あやしかった母の状況が、さらにあやしくなったこともあり、再就職した会社も申し訳ないのですが退職して完全リタイアすることにしたのです。

早期リタイア者から見たFIRE

ここ数年になって、FIREという言葉が流行しました。FIREとは、Financial Independence, Retire Earlyの略で、経済的自立（Financial Independence）を達成し、早期リタイア（Retire Early）することを目指す人たちの運動やライフスタイルのことです。

私は、いわゆるFIREではありません。明確な定義があるわけではありませんが、FIREというには少々歳を取りすぎてます。54歳で早期退職で、その後も半年働き、完全にリタイアしたのは、55歳。定年の5年前です。

また、早期リタイアしようと思っていたわけでは全くなく、会社から肩を叩かれたというけっこう情けない、非常に残念な理由です。計画的に資金計画を立ててやってきたわけではなく、気が付いたら、残りの人生に必要なお金も減っていて、経済的自立を達成していたと言うに過ぎません。

とは言え、FIREの考え方には、共感するところがいくつかあります。

自由に生きる

世の中には、「働きたくない」「遊びたい」願望というのがあります。「仕事が苦しい」「もう会社を辞めたい」「会社どころか仕事を辞めたい」「一生遊んで暮らしたい」などなどと、誰しも一度くらいは、こんな妄想にとらわれたことがあるのではないでしょうか。

自由に生きたいというのは、せわしなく生きる現代人の願望のひとつです。

資産運用の仕方はインデックス投資と相通ずる

FIREの運用方法で、いちばん広く知られているのは、「4％ルール」、通称「トリニティスタディ」、トリニティ大学の3人の金融学教授によって1998年に書かれた論文から派生した知見です。

●株式と債券のポートフォリオを米国株や債券のインデックスファンドで運用する
●当初資産額の４％に相当する額を取り崩し、その後はインフレ分、毎年調整した分だけ取り崩す。

こうすると、30年以上にわたって資産がなくならなかった、というもの。

もちろん、あくまでも米国における試算であり、ポートフォリオの配分や具体的な運用戦略、その結果としての４％という数字そのものも、場合によって異なります。

しかし、退職資金の活用法を目的に書かれたトリニティスタディは、早期リタイアを考えてはいない一般のインデックス投資家にとっても有益なひとつの情報を示唆しています。それは、「インデックス投資で充分リタイアできる」ということ。この考えに乗っかって、

「リタイア資金はいくらぐらいを見込めば良いのか？」

「資産形成の期間は何年くらいが必要か？」

のアウトラインを導き出すことができるわけです。

４％ルールを言い換えると、毎年取り崩したい額の25倍の資金で経済的自立を達成できる、となります。仮に、月20万円の資金が必要であれば、年２４０万円×25倍で、６０００万円あれば、経済的自立達成です。運用利率を少しゆるめに３％にすると、８０００万円。

また必要な資産形成の期間も逆算できます。運用利率４％の場合の経済的自立達成までの年数は、たとえば、貯蓄率50％の時に17・7年、40％の時に23・４年となります。

17・7年って、いい数字ですよね。30歳に決断しても、50歳前にFIREできます。

FIREを目指すことによる損失

FIREについては、否定的な側面もあります。

ひとつは、今使えるお金を今使わない、ということによる損失。経済的自由をより早く達成するためには、貯蓄率を上げる必要が生じます。お金がないために若いときにしか経験できないことを経験できないということもあるでしょう。経験には、自由な時間も必要ですがお金もかかるのです。なかなか悩ましいトレードオフです。

もうひとつは、途中でサラリーマンを辞めると仕事で稼ぐ自分の力を放棄してしまう可能性が高い、ということです。

サラリーマンの生涯収入は、2億円とか3億円と言いますよね。でも、新人のころの収入を勤続年数で掛けてもその金額にはなりません。たとえば、年収300万円で38年間働いても、1億円とちょっと。そうなる理由は、生涯収入が最大化するのが40～50代だからです。良いか悪いかは別にして、サラリーマンの賃金カーブはそんな風にできています。

さらに、本章の最初の方でお話ししたように、厚生年金の比例報酬部分は生涯年収に比例して増えますから、途中で厚生年金の納付を止めてしまうと経済的自立における重要なパーツである年金パワーを損なうことになってしまいます。

早期リタイアは、そんな金銭的損得と自由への渇望とのトレードオフなのですね。

早期リタイアすると、好きな人になれる

いったんリタイアしたんだけれど、結局またフルタイムで働き出した、というパターンをよく聞きますよね。早期リタイアして、最初は楽しくてしようがなかったが、やがてやることがなくなってしまったみたいな。そういう人は、ひょっとすると、サラリーマンに向いていた人だったのかもしれません。しかし、私はそういう人ではありませんでした。

早期リタイアをすると，ちょっと困る質問に「今、何をやっているんですか?」という

のがあります。これに対して、私は、躊躇なく「フリーランス（自由業）です」と答えています。
これは、単なる方便というだけではなく、実際そういうところがあって、「好きなことをやっていても、それは働いているということである」と、気が付いたんです。この感覚は、早期リタイアして8年経った今も継続しています。

サラリーマンをやっていると、仕事に対して、妙に潔癖になってしまいがちです。「これじゃ、仕事になってない」と考えてしまうのですね。でもそこまで厳しく考えなくてもいいいんじゃないかと思うようになったのです。

早期リタイアしてしまえば、収入があろうとなかろうと、いろんな人になることができます。サラリーマン時代は、「趣味で演劇やってます」だったのが、「売れない（売れてても良いが）劇団やってます」になりますし、「趣味でブルースハープやってます」だったのが「ブルースハープ奏者」になります。「趣味で」っていうところを取っちゃえばいいのです。もちろん「プロで」と付け加える必要もありません。

私はギターを弾いて唄うのが好きで、たまに外でも唄ったりします。完全にサークル活動です。しかし、下手なのでお金がもらえないだけで、音楽家です。長年、投信ブログをやっていて、早期リタイアを機に、普通の人のための普通の投資の普及を願って、ブログをまめに更新するようになったら、本書を書かせていただくような機会までいただいてしまったので、文筆家でもあります。

リタイアしてしまえば、全てが自由になりますし、ならざるを得ません。

早期リタイアしても、無職ですというのは、あまりオススメできません。せっかく、経済的自立を達成したのです。フリーランスとして自立意識を持つことをオススメします。

収入がなくてもフリーランスと名乗って大丈夫と考えるのが、自由人の発想です。

長く働いていると目に見えない疲労もある

もうひとつ、早期リタイアして気が付いたことがあります。それは、知らない間に見えない疲労がたまっていたということです。30年以上も働いていると、本人も気が付かない「見えない疲労」が蓄積されていたみたいなんです。最初に会社を辞めてから、半年くらい休んだのですが、ちっとも疲れが取れていなかったんですね。あれ？　変だな？　と。

『働かないって、ワクワクしない？』という本から得た知識なのですが、人間には、5～10年に半年くらいは、体力と気力と知力を取り戻すための充電期間（サバティカル休暇）が必要だというのです。必要な休憩時間は、昨今、よくあるリフレッシュ休暇の比じゃないわけです。

もし、そうだとすると、私の場合、4～5年は、まとめて休みたいところかなと思ってましたが、実際そうでした。8年経って、ようやく、働いてもいいかな程度の元気が復活した感があります。その元気は、すでに確立した早期リタイア後の活動の厚みを増すことに向けられるようになりました。

お金だけではなく、やりたいことを見つけておくことが資産形成

早期リタイアに限らず、多くの人にはリタイアがやってきます。その時に何をするのか？答えはカンタンです。やりたいことをすれば良いのです。ところが、やりたいことを見つけられない人が多いようにも思います。

好奇心の力が、加齢とともに弱って行くのです。そういう意味ではインプットが大切なんですよね。

一般的には、学生時代に学業でインプットし、サラリーマン時代は仕事に直結しそうなことをインプットするという感じだと思うのです。

でも、そういう目的意識、ある種の義務感に基づいたインプットではなく、面白いと感

じたことを興味のおもむくままに、とことんインプットすること、そもそも、面白いと感じる心が大切なのです。

これまでお話ししてきたようにインデックス投資は、投資に時間をかけないですみます。おそらく、**インデックス投資という選択は、空いた時間の使い方こそが、本当の投資の部分なのです**。ぜひ、インデックス投資でできた時間を使って、本当にやりたいこと、ライフワークと言えることを発見する別の意味での投資にチャレンジしてみてはいかがでしょうか。

やりたいことはリタイアなんて待たずに始めてしまおう

リタイア後にやりたいことには、ひとつコツがあります。それは、今始めてしまうことです。「休暇が取れたら」「リタイアしたら」「まとまったお金ができたら」。それは、たぶん、真にやりたいことではないのです。

はっと気が付いたらやっているというのが、自分のやるべきこと。そして、何かやりたいと思ったとき頼める知人こそが、本当の人脈です。

私もリタイアしたとき、やりたいことリストをいっぱい書いたのですが、新しくやることのほとんどは、結局やらずじまい。すでに始めていた活動の拡張でだいたいの時間が埋まりました。使える時間が増えますからね。

早期リタイアは究極の自己責任

私は、インデックスファンドを使った「普通の人による普通の投資」はオススメしていますが、早期リタイアはオススメしていません。

「早期リタイアしようと思っているんだ」とか「早期退職しようと持っているけどどう思う？」的な話が出たら、自分はさっさと早期リタイアしといて何ですが、止めておけと言うことにしています。

早期リタイアは、自己責任の度合いが高いのです。他人に相談する時点で、自己責任力が低いんですね。そんな方にオススメすることなんて到底できません。実際、アーリーリタイア（早期退職）をした人は、事後報告、あるいはあえて、周りに言っていない人が多いと感じています。

自由になりたいと思う方は、多いと思いますが、自由というのは、向き不向きがあります。自由って、実は大変なのです。

自分自身に命令しない者は、生涯奴隷である

byゲーテ　筆者意訳

この言葉は、私がサラリーマンになったころ、聞いた言葉です。自分で自分に命令できる人、それこそが自由人。会社勤めだから自由がないとか、早期リタイアしたから自由だとか、そういうことではないのです。

私はサラリーマンをしていたときも、「主体性を持って仕事に取り組めば、サラリーマ

ンでも自由になれる」そんな風に考えて仕事をしていました。それが許される会社だったことは、私のサラリーマン人生でラッキーだったことのひとつです。今となっては、その当時の会社や上司に感謝しかありません。

第 7 章

世界一カンタン ゆるトク出口戦略

出口戦略は出口が近くなったら考える

資産活用のやり方はこれから述べますように、いくつかの選択肢があります。ただ、それを判断するためのパラメータは、出口が近くならないと、そのどれを選ぶべきなのか、どう組合せるべきなのかわかりません。

たとえば、年金。受給額は、これまでどれだけ社会保険料を納めたか、確定拠出年金や企業年金をどれだけ積み上げてきたかによって決まります。納付期間のゴールが近付いてこないと見えてきません。巷にあふれるいろいろなモデルケースで考えたところでほとんど意味はありません。検討すべきは、

●自分と自分の家族がどれだけもらえるか？
●自分と自分の家族がどれだけお金を使うか？

これによって、必要老後資金も変わります。

老後の資産活用は自分の例で考える必要があるのです。

出口戦略は出口が近付いてから考えましょう。

資産活用期も資産運用のやり方は全く変わらない

資産活用期も資産運用のやり方は資産形成期と全く同じです。違いは、

(1) 資金流入がプラスからマイナスになる。

(2) 取れるリスクが低下する。

この2点。あとは、本書でこれまで述べてきた資産形成期の運用のやり方をそのまま踏襲すればよいのです。資産活用期は、人生の終盤戦でもあります。それにふさわしい注意というのも、いくつかあります。

資産配分を見直す（リアロケーション）

リアロケーションは、資産活用期に入ってからも当然実施してください。年齢を重ねるにつれ、リスク許容度は更に下がります。

リバランスは資産活用期でも必須

資産活用期になっても、リバランスは必須です。資産形成期と同じく、リスク資産の比率が変わらないようにしましょう。特に、資産活用期に暴落があったときに大きな意味を持ちます。これまた資産形成期と同じ。もしも、暴落時にリスク資産の比率を戻さないと、肝心のリバウンド期のリターンが小さくなってしまい、長期のリターンが下がってしまう、下手するとマイナスになってしまうことになりかねません。

資産活用期は定率で取り崩すのが基本

理論的に考えるともっとも効率の良い考え方です。一定の率で取り崩し続けるやり方です。

資産活用期の運用利率＝資産の運用利率－取り崩し率

たとえば、期待する資産の運用利率が3％、取り崩し率が4％だったとすると、資産活用期の運用利率は、長期的にはマイナス1％になります。この場合は、受給金額は変動しながら減少し、資産は少しずつ減っていくことになります。

ポートフォリオの期待リターンを勘案しながら、取り崩し率を決めます。

ちなみに、リターンがプラスマイナスゼロになるような比率で取り崩すことができれば、長期的には永遠に取り崩せることになります。

定率で取り崩すということは、お金がたくさんあるときはたくさん取り崩し、少ないときにはそれなりに取り崩すことになります。運用資産をいたずらに減らさないという観点においては、リーズナブルなやり方であることがわかるでしょう。

取り崩し開始時期に暴落したら？

定番の心配に、「資産形成を一生懸命したが、いざ、取り崩し始めた年に大暴落になったらどうするんだ」というものがあります。だから、リスク資産運用はダメ、大事な虎の子は預金だけで十分とすら断言してしまう経済評論家もいます。

しかし、これは誤解です。本書でこれまで説明してきたように、長期的には、株式資産は、長期資産は、ある運用利率に回帰していきます。取り崩し開始時期を65歳としても、85歳まで20年は運用できますし、そのくらい長生きするからこそ必要な資金なのです。資産活用期は思ったよりも長く、取り崩し開始時期の暴落は、後半戦で挽回できる可能性が高いのです。

人生最終盤での暴落の対処は？

むしろ、心配すべきは、取り崩し開始時期ではなく、**取り崩しの終盤での暴落**です。この対策は、結局、「歳を重ねるごとにリスク資産比率を下げていくこと」になります。

通常のリアロケーションと同様に、何年かに1回、見直すでもいいのですが、高齢になるとリアロケーションもけっこうしんどくなるかもしれません。ここでは、もう少し機械的なやり方をご紹介します。

定口（期間指定）で取り崩す〜リスク資産比率を徐々に下げる

それが、定口（期間指定）型の取り崩し。**取り崩し期間を決め、保有口数を解約年数あ**

るいは解約月数で等分した口数を、都度解約していく方法です。

例えば、投資信託を1200万口、保有していたとします。これを10年で取り崩すならば、毎年120万口、毎月であれば10万口ずつ取り崩していきます。

受取額は解約時の基準価額により変動します。投信が値下がりしたときは少なめに、投信が値上がりする場合は多めの金額となります。この辺は、定率型と同じような性質の取り崩し方です。

定率取り崩しとの違いは、最終的なリスク資産の残高です。定率取り崩しの場合は、運用していたリスク資産が、ゼロになることはありません。一方、定口取り崩しの場合は、一定期間後には、リスク資産がゼロになります。

どちらがいいのかは、遺産としてリスク資産を残したいのかそうではないのか、80～90代にリスク資産を持つべきと考えているか否か、等から考えることになります。

相場低迷期に対応するための現金バッファ

定率や定口取り崩しの場合、運用が低調なときに取り崩し金額が減ります。その弱点を補う方法としては、現金バッファ（生活防衛資金）を持っておき、運用が低調なときはそこから補う、という考え方があります。

これ、そんなに小難しく考えなくても、そうしちゃいますよね。現役時代で言えば、給与がカットされたのと同じで、そのために生活防衛資金を持っておくわけですから。

4%ルールは定率ではなく定額取り崩し

現実的な解を考えるに当たっては、定額取り崩しも、視野に置いても良いかもしれません。定額取り崩しの場合は、投信が値下がりした場合も、同じ金額を取り崩してしまうため、いささか効率が悪くなります。

前章で取り上げた、FIREの4%ルールも定額取り崩しです。定額取り崩しであっても、適切なポートフォリオであれば、30年は持つ、という研究がベースにあります。

より現実的な解としての「使いたいときに使う」

以上、定率や定口で取り崩すのが、効率的であるとご説明しましたが、現実は、そう単純ではありません。お金をたくさん使うときもあれば、使わないときもあります。

現実的な解のひとつとして、定率を目安として使うお金の規模感をつかんでおいた上で、「必要なとき必要な額だけ使う」という取り崩し方があります。実際、早期リタイア後、私がやってるのは、こういうお金の使い方です。「あったらあっただけ使う」タイプの人にはオススメしづらいですが、私は性に合ってました。

ここでも、ポイントになるのは、現金バッファ（生活防衛資金）の存在です。

そしてオールカントリーが残った

リスク資産の取り崩し戦略については現在も検討中なのですが、2023年の今、私自身が考えているプランの骨格は、こちらです。

- 早期リタイア～65歳　リスク資産はホールド。多めに用意した生活防衛資金を取り崩す
- 65歳～75歳　定率で取り崩し
- 75歳～85歳　定口で取り崩し

元気なうちは運用額をキープすべく「定率」。高齢になったらリスク資産は段階的に整理するべく「定口」という方向です。

ただ、これは、今そう考えているというだけで、実際そうなるかはわかりません。

実は、5年前までは、取り崩し戦略の軸にETFの分配を考えていました。私が運用不能になってもオペレーションが楽そうだったからですが、以下の理由で方針を変え、ETFは整理することにしました。

●ETFは基準価額と市場価格の乖離が大きく、余計な神経を使う。
●オールカントリー一本だけであれば、高齢になっても取り崩し作業はできるだろう。
●全く株式取引の知識がない妻が管理することになった場合、投信の方が売却操作がカンタンそうだ。

新しいNISAを契機にこれまで個別に組合せていた日本株式クラスや先進国株式クラスのインデックスファンド、REITインデックスファンドなども全て整理。**オールカントリーに一本化する**ことにしました。私が死ぬときは、**オールカントリーだけが残る**予定です。

これで、私の長かった投資信託遍歴は最終章に突入……の予定です。

「全く勉強しない」はありえない

「長期投資では時間が大事」、「インデックスファンドとNISA制度を活用した投資であればハードルは低いので、なるべく早く始めよう」という論調で、本書の前半、述べてきました。ただし、注意事項があります。それは、**「全く勉強しない」はありえない**ということです。

少額の積立てによるインデックス投資は、NISA制度など、今や、道具立てが揃い、あんまり勉強しなくてもできます。しかし、勉強しないのはリスク資産を運用する上で危険ですし、第一、もったいないのです。経済の知識や金融リテラシーを来たるべきリタイア時代に備えて、あるいは現役時代を謳歌するために身に付けるべきです。株式投資での損もいやですが、知らないことで生活面での損が出るかもしれないのです。

マーケットも見ておくべきです。長期金利などマーケットを見ておかなければ、判断できないこともあります。生活と経済は密着しています。経済は、メディアの解説ではなく、情報ソースの数字で判断できるようになっておいた方が良いと思いませんか？

リスク資産の中身も経済情勢が変われば、変える必要が出てくる場合もあるでしょう。そのためにも勉強は必要です。

出口戦略の根幹は金融リテラシー

バイアンドホールド型の資産活用において重要なことは、ひたすらホールドすることでした。しかし、普通の人がこのカンタンなワザを体得するには、10年、20年の投資経験と、その間に起こる何回かの暴落体験が必要だと私は感じます。そして、その実体験で培われた**金融リテラシーこそが、出口戦略の根幹です。つまり、そのワザを身に付けたあなた自身が出口戦略の要となる**のです。本章の冒頭で、出口戦略は出口が近くなってから考えればいいと申し上げたのは、このことでもあります。その時になれば、自分の状況に応じて、どういう運用をすればいいかは、**自ら考えられるようになっている**はずです。

リタイア後は、どんなかたちにせよ資産運用をすることになります。最後は、みんな自立した投資家です。私は、インデックス投資を始めた人が、投資や経済に興味を持って、来たるべきリタイア時代を乗り切るための智恵と勇気を手に入れることを願っています。

もしも、投資をしていなかったらどうなってたのかなあ、と考えることがあります。はっきり言えるのは、早期リタイアという選択はなかったんだろうな、ということです。早期リタイアしてなかったら、その後の様々な経験もなかったでしょう。

その最大の理由こそが、長期投資の経験で培った金融リテラシーです。ある金額のお金があって、大丈夫と思えるかどうか。投資をしていなかったら、そんな金融リテラシーは身につかなかったでしょう。おそらく「お金が足りない」と考え、別の道を選んでいたと思います。

投資活動で得た金融や経済に対するリテラシーは、仕事にもポジティブフィードバックを与えてきました。早期退職時の割増退職金も含めた収入、つまり早期リタイア資金の元手にもプラスの効果がありました。

そもそも、インデックス投資ごときが怖いと思うような性格では、早期リタイアという
リスクの高い選択も難しかったかもしれませんね。

おわりに　早期リタイアして8年経った今思うこと

今、あらためて感じているのは、人間にとって最も大切な資源は「時間」であるということです。ぼーっとしていれば、あっという間になくなってしまう貴重な時間を何に使うべきなのか？

20代30代の若い頃というのは、自分自身の稼ぐ力、つまり仕事そのものであることが多いのではないでしょうか。私自身もそうでした。仕事ばっかりして、時に失敗をして、ストレスもたくさんあるけれど不思議となかなか幸せ。

しかし、そんな私もやがて、自分自身の稼ぐ力、稼ぐことで幸せになる力を失って行き、ついには早期リタイア。そんなこんなで8年経った今の私ですが、けっこう幸せです。その理由は、「健康である限りにおいて生涯、繋がることのできる「コミュニティ」があったから。ひとつ問題があります。それは、探すにも楽しむにもそれなりに、いや、かなり、時間と労力が必要だということです。

本書をお読みになったみなさんは、もうおわかりですね。

たかがお金を増やす程度のことに労力を掛けるべきではない。

本書で申し上げたかったことは、この一点に集約されます。人生において労力を掛けるべきは、自分が楽しめる居場所作りなのです。

これをお金の面でアシストする方法論こそが、インデックス投資。お金の話は、お金を貯めてお金を増やす仕組みを作って自動的に解決するようにすれば十分なのです。

有名なイタリアの政治思想家に、マキアヴェッリという方がいます。数々の名言があるのですが、インデックス投資に相通ずる言葉があります。

〝**中ぐらいの勝利で満足するものは常に勝者であり続ける**だろう。反対に、圧勝することしか考えない者は、しばしば、陥し穴にはまってしまうことになる。――『フィレンツェ史』――〟（マキアヴェッリ語録（新潮文庫）　塩野 七生）

中ぐらいの勝利こそが生き残る最良の手段。インデックスファンドが発明されるはるか昔、資本主義が形を成すずっと前から続く、真理でもあるのでした。

本書では、普通の人でもできる、いえ、普通の人だからこそできる「お金の増やし方」について、「始め方」「続け方」、そして、「終わらせ方」まで、一通りお伝えしました。私の経験で得た長期投資のアイデアもできうる限り、盛り込んだつもりです。みなさまの長期投資の仕組み作りのお役に立てたとしたら幸いです。

長期投資の旅は長い。

私もまだまだ楽しみます。

付録　オススメ参考図書　２０２３

本書に登場した参考文献

『敗者のゲーム』（日本経済新聞出版社、チャールズ・エリス）

『働かないって、ワクワクしない？』（ヴォイス、アニー・J・ゼリンスキー）

iDeCoやNISAについて詳しく知りたいときの参考文献

『大改正でどう変わる？　新NISA　徹底活用術』（日経BP日本経済新聞出版、竹川美奈子）

『［改訂新版］一番やさしい！一番くわしい！個人型確定拠出年金iDeCo（イデコ）活用入門』（ダイヤモンド社、竹川美奈子）

『人生１００年時代の年金・イデコ・NISA戦略』（日本経済新聞出版社、田村正之）

個人投資家目線の参考文献

『最強のズボラ投資』（ぱる出版、つらお）

『お金は寝かせて増やしなさい』（フォレスト出版、水瀬ケンイチ）
『全面改訂　第3版　ほったらかし投資術』（朝日新聞出版、山崎元、水瀬ケンイチ）

NightWalker（ないとうぉーかー）
インデックスファンドがメインの個人投資家。投資ブログ「NightWalker's Investment Blog」を運営し、「普通の人のための普通の投資」の普及を願って、日々、メッセージを発信中。1984年、普通にサラリーマンになり、39歳の時、ネット証券で株式投資を始め、同時期に投資信託の積立を開始。2015年に退職勧奨を契機に投資で築いた運用資産と優遇退職金で早期退職を決断。ちょっとだけ再就職するもサラリーマンに向いていないことにいまさら気付き、完全アーリーリタイア。自身が運用中のポートフォリオは、目下、全世界株式一本に集約中。無リスク資産を50％にしたリスク抑えめのカウチポテト運用。著書は『世界一ラクなお金の増やし方 #インデックス投資はじめました』（ぱる出版）。

【ブログ】NightWalker's Investment Blog
http://nightwalker.cocolog-nifty.com/

新《しん》NISA対応《たいおう》！
ラクにお金《かね》を増《ふ》やせる
最強《さいきょう》のインデックス投資《とうし》

2023年９月６日　初版発行
2023年10月23日　２刷発行

著　者　NightWalker
発行者　和田智明
発行所　株式会社 ぱる出版

〒160-0011　東京都新宿区若葉1-9-16
03(3353)2835―代表　03(3353)2826―FAX
03(3353)3679―編集
振替　東京 00100-3-131586
印刷・製本　中央精版印刷(株)

ISBN978-4-8272-1405-5　C0033